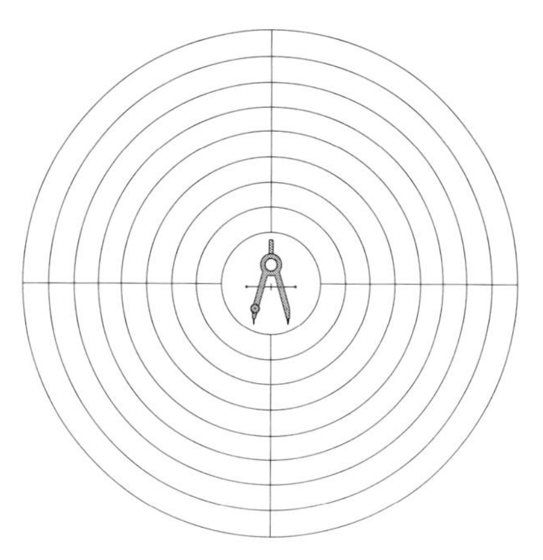

精准内容

让你的内容营销品效合一

黎媛——————著

清華大學出版社
北　京

内容简介

本书是资深品牌营销专家黎媛多年经验的结晶。书中深入浅出讲解精准内容的概念、消费者洞察、内容型产品、品牌爆点话题、精准媒介、种草带货等内容，帮助读者用精准的“内容思维”实现品牌影响力可持续增长。

全书共8章。第1章剖析本书的核心概念——精准内容，帮助读者理解内容营销的方法论体系。第2章剖析“精准内容”的来源——消费者洞察，涉及“洞察”的概念、方法及实践。第3章介绍通过制造“反向落差”“品类串通”、消费者“决策标准”打造自带话题的“内容型产品”。第4章是第3章的延伸与拓展，阐释在产品包装上做文章、跨界营销、打造内容型周边产品这三种近年来流行的内容营销新玩法。第5章介绍如何制造品牌爆点话题。第6章介绍策划让人们有购买欲内容的四大策略和七大方法。第7章介绍精准媒介相关概念、方法及实践。第8章介绍“精准内容”系统良性运转的典型表现——“种草带货”。

本书内容安排合理，架构清晰，理论与实践相结合，适合有一定工作经验的品牌、市场营销从业者，特别是品牌/营销总监、CMO阅读。同时消费品（快消、美妆等）公司的创始人、CEO也可以从中获益。

图书在版编目（CIP）数据

精准内容：让你的内容营销品效合一 / 黎媛著. —北京：清华大学出版社，2020.8
ISBN 978-7-302-55784-5

Ⅰ.①精… Ⅱ.①黎… Ⅲ.①网络营销 Ⅳ.① F713.365.2

中国版本图书馆CIP数据核字（2020）第105481号

责任编辑：秦　健
封面设计：杨玉兰
责任校对：徐俊伟
责任印制：沈　露

出版发行：清华大学出版社
网　　址：http://www.tup.com.cn，http://www.wqbook.com
地　　址：北京清华大学学研大厦A座　　**邮　　编：**100084
社 总 机：010-62770175　　**邮　　购：**010-83470235
投稿与读者服务：010-62776969，c-service@tup.tsinghua.edu.cn
质 量 反 馈：010-62772015，zhiliang@tup.tsinghua.edu.cn
印 装 者：三河市吉祥印务有限公司
经　　销：全国新华书店
开　　本：148mm×210mm　　**印　　张：**9.25　　**字　　数：**198千字
版　　次：2020年10月第1版　　**印　　次：**2020年10月第1次印刷
定　　价：49.00元

产品编号：078760-01

赞誉 | PRAISES

认识黎媛，是6年前在SocialBeta网站读了她的文章。我看到她的文字，马上就被吸引了。她善于观察，虽然营销的工具千变万化，但她总能快速从中找到不变的核心，并且加以归纳、总结，形成实用的方法论。

无论是给小皮做营销顾问，还是在世界500强大企业专注品牌营销，这么多年来，她不甘于停留在方法论，而是不断地从策略层面加以实践、总结。

从在SocialBeta上写专栏，到秉持着自己的价值观写个人公众号，无私分享，再到现在出书——一个真正有激情的人才会如此坚持不懈。如果你觉得市场营销、传播工具千变万化，不知从哪儿入手，这本书对你定会有所启发。

——**何虹**　Little Freddie（小皮）创始人、中国区CEO

近年来，消费品领域提及频次非常高的3个词包括品类、流量和场景。特别是2020年，疫情加速了渠道的分化与碎片化，流量的获取与变现成为各大消费品品牌面临的大课题。黎媛的这本书给我提供了一套利用“精准内容”运营“精准流量”，进而提升品牌流量营销效率的方法论体系，非常受用。

近年来，洽洽聚焦瓜子主业，发展坚果第二曲线业务取得不错的成绩。在每日坚果品类里，洽洽小黄袋每日坚果持续高速增长，我们不断做品类创新，推出洽洽小蓝袋益生菌每日坚果、洽洽早餐每日坚果燕麦片。有媒体说我们在下一盘“坚果+”的棋。其实，这盘棋背后的支撑点就是：对坚果品类价值的深层次洞察，树坚果是人类食物的本源，是对人体非常友好的超级食材。

我们借助“精准内容”营销，将坚果品类价值传递给目标群体的同时，打造具象化的消费场景，为消费者持续创造价值。

——**张园**　洽洽食品坚果事业部副总经理

在品牌营销领域，内容的KPI到底是什么，这似乎是个“千年”无解的问题。黎媛的这本书不仅直面了这个问题，而且提出了解决方案。原来KPI从用户洞察时就已发生，并贯穿产品、品牌等。回顾十多年的创业路，乐凯撒也一直尝试从书中说的“内容型产品”走进消费者的内心。很开心看到市面上有这么一本有关内容营销的如此系统的书。受益匪浅，强烈推荐！

——**陈宁**　乐凯撒比萨创始人及CEO

这本书给我的最大感受是：不就“内容”而谈论“内容”。任何公司都渴望好内容，但“好内容”不等同于好文案。任何让消费者印象深刻的“内容”背后一定是有策略体系支撑的，新营销时代4P皆传播，内容要贯穿4P的每个“P”。正如我对黎媛的印象，她很少单点地“就事论事”。例如，她在给洽洽的战略性新品——藤椒瓜子带来内容创意时，会展现科学的用户洞察，并结合产品端深入分析，基于用户需求和价值输出精准内容创意。相信身处消费品公司的人读了这本书后，会有很大收获。

——王龙海　洽洽食品国葵事业群品类总监

正如黎媛写这本书的初衷：在快速变化的品牌营销行业中，带人们看到一些本质的、不变的东西，而这些东西往往是一个人或一家企业的竞争壁垒。黎媛在沃尔玛中国总部工作时，也经历了行业内的转型：从公共关系到社会化营销，再到她最近这几年直面“消费品品牌营销如何品效合一”的商业问题。翻阅她的这本书，你能看到她是如何带着内容思维接地气地从产品、品牌到整合传播，逐步获得消费者的芳心。

——郑重　沃尔玛中国总部公共关系高级总监

内容营销领域，实践多于理论，舶来著作多于原生创作，尤其是来自一线实践者的经验总结付之阙如。黎媛的新书提供了一套行之有效的内容营销方法论体系，填补了这一空白，相信必会对从业者有所助益。

——楚学友　内蒙古西贝餐饮集团有限公司副总裁

精准的内容营销不仅包括差异化的高质量内容，也包括对内容触达方式和过程的精准控制。黎媛的新书系统阐述了精准内容营销的理论和方法，并揭示了传统内容营销的大量误区。相信这本书不仅能帮助专业营销人员，提升内容营销效果和效率，而且能帮助企业家消除内容营销领域的认知盲区，建立全局视野，把握正确的大方向，从而有效配置内容营销资源和人才。

——**冯卫东**　天图投资管理合伙人，《升级定位》作者

随着人们生活水平的提高，物质愈加丰富，选择性增多，要求更高，用户也变得更聪明。他们不仅要产品的质量，还要听产品的故事，以及产品所带来的生活价值。总而言之，对准备创造品牌，而不是仅仅满足生产产品的企业来说，如何赢得用户变得既困难，也更有趣。自带内容的产品、合适的渠道、精准的流量，如何让用户消费和喜爱？只有理想是不够的，还需要正确的方法。相信黎媛的这本书能给你这方面的指南针。

——**曾德钧**　猫王收音机创始人

做新媒体有两种打法，一种是拍好广告买流量，另一种是做好内容吸引精准粉丝。但说到内容营销，现在的套路越来越多，微博、微信公众号、朋友圈、短视频都是各种套路的产物，以致 AI 写手比人写得还好。未来人工智能可以逐渐实现营销千人千面，我们作为人应该创作什么？这本书值得读一读。

——**秋叶**　秋叶商学院、秋叶 PPT 创始人

互联网思维的本质是流量思维。如果说流量可以雪中送碳，

内容则是锦上添花。黎媛的职业生涯恰似一条精神纽带，连接了内容和流量两座巅峰。2007年，她硕士研究生毕业进入《南方都市报》工作。我们共事多年，也见证了她无论是采写社会热点新闻，还是派驻香港专访现任特首林郑月娥等高官政要，均展现了一名优秀新闻记者敏锐的洞察力及其对内容出品的极致追求。

时代在进步，产业在进化，黎媛顺势而为，从新闻媒体跳入品牌营销行业，至今已有七八年。她把做新闻报道训练的职业敏感性快速融入商业世界，用公众视角、用户思维赋能内容营销，在洞察“精准流量”的基础上，创造性地提出“精准内容”概念，为内容营销如何实现品效合一进行了耳目一新的思考与探索。“精准内容，创造真正的消费者价值”等核心理念在黎媛的新书里体现得淋漓尽致。

——**苟骅** 南友圈创始人、南都报系前副总裁

随着技术的进步，营销从业者开始承担越来越多的KPI，例如转化率、销售转化等。所以，大家开始追求各种直播带货、精准投放……在这个过程中，大家为了结果杀红了眼，却忽略了营销的本质——营销是对目标受众传递“价值”的，价值的定义不由品牌方决定，而是受众的感受与体验。每个人都只会关注与自我相关或感兴趣的内容。不管投放如何精准，如果不是受众感兴趣的方式，那都是按着牛头喝水，效果大打折扣。因此，精准营销的灵魂是“精准内容”。黎媛是我所认识的少数擅长内容营销的专家

之一，相信本书满满的干货，能助力企业在内容营销的道路上乘风破浪。

——**陈慧菱（Amy Chen）** 利洁时家化品牌方
杜蕾斯社交媒体小杜杜创造人，2013 年
可口可乐昵称瓶案例社交媒体负责人

内容是现在品牌增长的杠杆和深入每个环节的毛细血管。能掌握内容营销就能撬动品效合一的核心命脉。黎媛的这本书可谓出版及时，在这个关键的时间节点给了很多品牌一个内容营销思维框架。这是一本不可错过的好书，强烈推荐！

——**刀姐** 女子刀法创始人

品牌（品）和销售（效）兼得，几乎是每一个企业和营销从业者的终极追求。但“品效合一”的达成，必须要向消费者同时完成品牌价值和产品价值的双向交付，实际落地充满挑战。现在我们有了系统化答案，那就是黎媛首创的“精准内容方法论体系”：精准洞察是起点，内容型产品打造是落点，爆点话题是突破点，精准媒介是控制点，最终通向品效合一的终点。黎媛是我多年同事，也是快消行业的知名品牌专家，她将多年实践经验潜心沉淀，形成了这套方法论体系，我坚信这能够帮到更多企业发现并实现可持续商业价值。

——**胡越飞** 北京尚诚同力品牌管理股份公司总裁

好的内容是有效信息的最佳载体，而有效信息是广告传播的本

质。黎媛老师的这本书从内容营销的本质出发，给处在内容时代迷茫的大多数从业者以明灯，通过精准的内容打造“内容型产品”，从而实现话题引爆点，建立消费者的心智认知。

——**王致详**　味 Back 创始人

营销行业有不少媒体出身的大咖和怪咖，他们保留了媒体人那种喜欢追问的精神，这种直入本质的思维模式让他们在营销行业同样显得与众不同，例如在讲述品牌故事时，他们很快会从“方法”进入“方法论”。

十多年来，黎媛在媒体、甲方、乙方等多个角色中自如切换，对品牌故事的各种讲述方式见多识广，同样经历着现在所有内容生产者（公关、广告、营销等）都会碰到的共同挑战：在营销路径变得越来越短的今天，内容生产者如果回避销量转化，会不会最终将无路可走？

黎媛在这本书中分享了她对精准内容生产的前瞻思考，更为难得的是，她将这样的思考从“方法”上升到“方法论”——一个“品效合一”的内容生产的全新方法论。这一方法论不仅为品牌方在新营销环境下通过内容建立品牌资产提供了极具实操价值的理论，也为营销从业者在新环境下重新设定内容的价值坐标提供了很好的参照。

正如黎媛所言，如果人们只是通过内容记住了品牌，在这个时代已经远远不够。内容生产者可能做到更多，也能够做到更多。

——**劳博**　广告门创始人及 CEO

前言 | PREFACE

如果把市场营销比喻成一个战场，这几年，这个战场上的武器更新换代之快真是令人眼花缭乱。不管是成熟的世界 500 强企业，还是发展迅速、仅用一二年时间就做到年销售额上亿元的公司抑或创业公司，面对“营销”这个战场，大多会感到焦虑：直播、种草带货、私域流量、社群营销等各种武器都试过了，为什么效果还是差强人意？预算只有这么多，到底该使用哪种武器？这些武器还有流量红利吗？小公司用起来得心应手的武器，大公司能运用自如吗？反之亦然……

以上都是如今营销从业者的普遍性焦虑。营销战场上的各种营销武器就像池塘里的泡泡，此起彼伏地冒出来，又接二连三地破灭。

面对焦虑，该怎么办？是被武器牵着鼻子走，气喘吁吁地用它，还是自己创造一件新武器，玩点不一样的？不管采取哪种方式，营销从业者不如放下焦虑，在“多变的武器”里找到“不变的铸器之术”。这其中的“不变”之一就是：内容。

试想：直播、种草带货、私域流量抑或产品开发等，哪样不需要内容？诡异的是：不少营销从业者都明白“内容很重要”，但在“内容”面前却又力不从心。到底什么是好内容？我的目标用户到底为什么样的内容买单？什么样的内容才能化为一个连接器，连接企业和用户的心？于是，在这样的状态下，或做给领导看的自嗨内容，或用户无感的“垃圾内容”开始堆积如山。

那么，对于营销而言，内容到底要怎样发挥作用？怎么用“内容”去铸造属于自己的营销武器？这正是本书要讨论的问题。

首先，不能只把“内容”当“内容”。“精准内容”里的“内容”不是文案、长图文、海报、视频、植入网剧、网络综艺……而是一种营销战略，它贯穿于产品、品牌、传播，甚至组织架构。这个战略下的方法论要能为企业带来实实在在的流量，而且是能产生销售转化、口碑传播的精准流量。

在这套方法论里，洞察是精准内容的源泉；产品一定是“内容型产品”；品牌不再是一些老板眼里看不见、摸不着，投入产出不明确的东西；传播的工作也不再只是“选号发布”“带货”；组织架构也由此从“各扫自家门前雪”变成了为同一个目标齐发力。

举个例子：“内容型产品”。如今，各种品类的产品层出不穷，但你仍渴望被种草，喜欢看诸如“好物清单”的文章。为什么？因为总感觉缺件好产品。好产品就像一本有看点的故事书，让人拿着不愿意放下；让人读了，会情不自禁地讲给他人听。这就是“内容型产品”的效果。

笔者从事品牌营销工作十余年。细观整个营销行业，纵向：从所谓的“传统营销”时代迈入数字营销时代；横向：从《南方都市报》资深记者转行世界500强企业做公关到数字营销，再到今天专注消费品，从品牌营销战略端与客户伙伴们共谋企业增长之计，笔者深刻地体会到“在变化中找不变”的重要性。“不变”是根，是那个你值得追求一辈子也不可能达到的彼岸。

就营销而言，“不变”之一就是“内容”。当你觉得企业营销环境里的内容泛滥成灾，当你叹息所谓的“内容营销”已不再流行，其实，真的不是“内容”的错，而是你的思维方式有了问题。

回到开头：如果营销是个战场。不管战场里的武器怎么革新，那些战略思维却总是让人在不同的时代，读起来都有别样的新意。

愿所有的营销从业者都能用“精准内容”帮助企业获得增长、积累品牌资产。

毕竟，谁不喜欢享受好的内容呢？

笔者

目录 | CONTENTS

第1章

什么是“精准内容”？

“内容营销”越盛行，企业越陷入“内容泛滥又无效”的境地

如今，不少企业都将“内容营销”作为自己的营销策略。但是，在做内容营销的过程中，他们发现：一方面，内容生产似乎不是一件难事，它的门槛正变得越来越低，市面上有各种类型的“内容生产公司”；另一方面，“垃圾内容”正堆积如山，它们不会有积极的效果。例如，无法吸引人们的注意力，或者无法带来销售转化。它们就如同堆积在旧仓库里的废品，上面沾满了灰尘，只供企业内部人员和品牌营销圈内人自我欣赏。

链接：“AI文案生成神器”诞生，产出文案和人写文案并无二致[①②]

阿里妈妈研发的“AI文案生成神器”可以根据商品自动生成文案，并且文案品质和人写文案并无二致。

① 资料参考：新智元，《AI文案通过图灵测试！一秒生成2万条广告神器问世》。

② 获取更多资料详情请扫描二维码。

下图是 AI 文案与人工文案的对比。

产品	AI 文案	人工文案
美瞳	搭讪超级武器，神奇的眼睛会说话	请为双眸，再添份神采
雪纺裙	一袭长裙，一抹清雅绝代芳华	碎花雪纺裙，仙气荡漾开来
奶粉	口碑奶粉，延续 37° 的爱	香醇口感，一喝倾心
雨伞	一伞在手，遮阳挡雨全都有	明媚阳光，一剪寒梅，只为伊人防晒
智能手环	不积跬步，无以谈健身	坚持不懈，挑战昨天的你
眼线	一笔成型画眼线，明星眼妆会勾魂	妆容摇身一变，日系风格
眼影	炫彩眼影，一抹点亮双眸，玩转眼色	全哑光眼影盘，明刻拥有靓丽眼睛
汉服	汉服婀袅唤麒麟，经卷浮块落几多	绣花齐胸襦裙，时光里的端庄与优雅
项链	精致项链，徘徊在颈间的优雅	优雅锁骨链，清新气质搭出来
脱毛仪	电动脱毛仪，上演极度的诱惑	舒适脱毛，“净”享持久丝滑美肌
腕表	一表人才，就是你	开始印象，表里如一
睡衣	优雅睡裙，演绎极致女人味	花朵蕾丝花边家居服，少女套装
雪纺裙	穿上国风刺绣尽显文艺情怀	三彩碎花雪纺裙，浪漫整个春天
手提包	优雅手提包，瞬间提升女王气质	简约手提包，都市优雅风
吸顶灯	创意卡通吸顶灯，照亮孩子童年梦	创意个性 LED 吸顶灯，简约时尚
隔离霜	清透美肌，一抹自然之美	多效隔离霜，植物养肤天然美容
狗粮	有了它，爱宠也可以健康	多味犬用罐头，告别单一选择
花瓶	创意玻璃花瓶，简约时尚馥清幽	造出别样仪式感，拜托了花瓶!
发簪	中国风古典发簪，重温旧时梦	红玛瑙盘发簪子，描画古典韵味
仿真绿植	小清新仿真绿植，打造自然系小家	仿真芦荟盆景，库拉索装饰摆件绿植
香水	清香淡香水，还你甜甜少女心	小样 10 支香水礼盒，淡香清新自然
小刀	荒野求生，男人需要一把好刀	户外求生小刀，带来生机希望

对比可以发现：AI 文案在词语押韵、联想延伸、意境创造等方面还要更胜一筹。

那么，这款“AI 文案生成神器”为什么能写出比“文案们”写得还好的文案呢？这全靠它可以不知疲倦地学习海量数据。模拟人写文案最重要的是：解决数据训练问题，训练数据的质量直接决定了模型效果的好坏。在这一点上，阿里妈妈“AI 文案生成神器”优势尽显。目前，阿里妈妈可以拿到的文案数量大约有上亿条。它们来自淘宝、天猫等多个内容渠道；同时，阿里巴巴整个集团内容化的趋势已十分明显，来自达人和商家的海量优质内容也成为“AI 文案生成神器”源源不断的养分。经过人工和机器半自动清洗，“AI 文案生成神器”得到高质量的训练数据达到数百万级，几乎覆盖了淘系（指阿里巴巴旗下的电商平台。——编辑注）所有类目和商品，它们再转化成优秀的文案产出，赋能商家，形成良性循环。

美妆类目·粉底液文案
功能描述型风格
补水保湿遮瑕粉底液
特价促销风格
大牌粉底液超低价，手慢无！
搞笑风格
粉底用得好，胜过去韩国。
暖心风格
时间流过，你还是妈妈心中的宝贝
功能描述风格
提亮肤色遮瑕粉底液，淡妆可以很美丽。
走心风格
薄薄一层CC霜，瞬间化身小公主。
实际功效表达
提亮肤色遮瑕粉底液，遮挡淡纹轻松搞定。
汉服
古诗词风格
汉服娉袅唤麒麟，经卷浮块落几多。
智能文案能够支持大多数热门类目
阿里妈妈

如今，这款“AI 文案生成神器”主要聚焦于商品文案，可提供多种文案写作风格：描述型、特价型、实用功效型、逗趣型、古诗词型等八种类型，风格类型也在不断扩充中，如下图所示。此外，

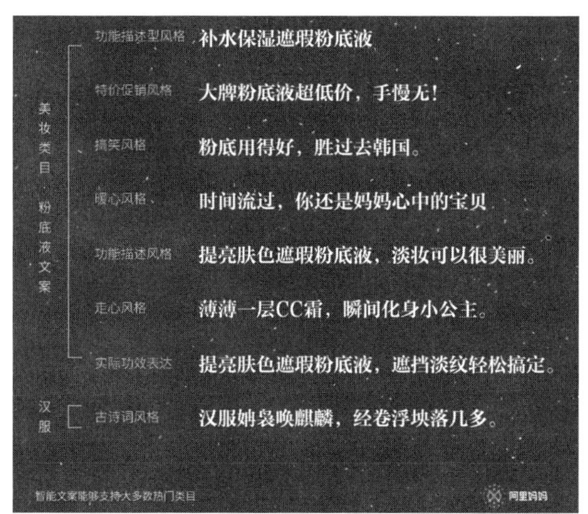

它还可以产出不同长度的文案。无论是几个字的短标题，还是60字左右的商品描述，都可以一键生成。以最基础的短标题文案为例，阿里妈妈“AI文案生成神器”的生产能力已达到1秒20 000条。

那么，“内容营销”为什么会走向这种“泛滥又无效”的境地？这到底是什么原因呢？仅仅是因为内容没有创意？不够感人？不够犀利吗？……似乎所有有关“内容营销”的问题都是因为“内容”本身不够出彩。具体表现在以下三个方面。

所有的“锅”都由“内容”本身来背……

内容形式：一味地追求新颖

近年来，随着各种基于移动互联网兴起的新媒体迅速发展，内容形式也在不断推陈出新。下图反映了如今种类繁多的内容形式。

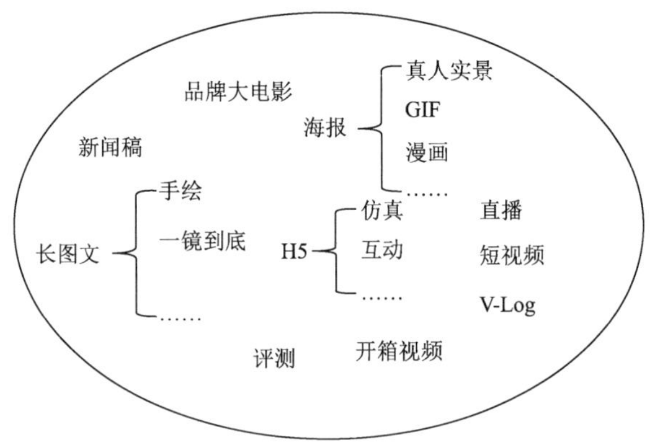

内容形式的变化和各种新媒体的诞生紧密相关。例如，2009 年，微博出现后，长图文成了家常便饭的内容形式；到了 2014 年 H5 如火如荼；再到如今五花八门的直播、短视频争夺人们的眼球。但是，在内容形式不断演变的过程中，不少企业往往走入了一个误区：一味地追求内容形式的新颖，把内容形式等同于甚至地位高于内容本身。一方面，他们以为做了个 H5、拍了个短视频，赶了内容形式的时髦，内容就自动有效果了；另一方面，他们总在焦虑地寻找更新的“内容形式”，总不屑一顾地认为：新闻稿过时了、H5 过时了……却从来不审视“内容”的有效性。

例如，某护肤品牌和“局部气候调查组”合作的长图文广告《一九三一》，用了“一镜到底”的创意表现形式，刷爆了微信朋友圈（见下图）。这条长图文广告被网友们称为“神广告”。之所以“神”，是因为它特别长：约 427 厘米，看完大约需要 6 分钟。《一九三一》之后，各种一镜到底的广告蜂拥而至，争相比较：谁家的“一镜到底”长得更长？然而，大多数没有引起用户的关注。[1]

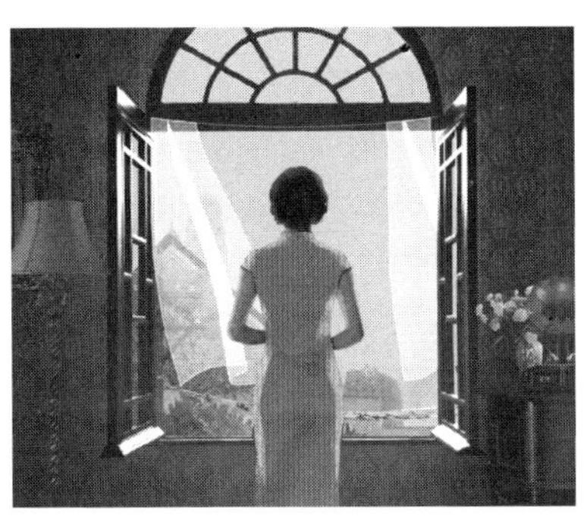

① 资料参考：AndLib，《外号还是号外？百雀羚一镜到底神广告幕后操刀者还埋下哪些梗》。

另一个例子，网易云音乐和杭港地铁合作打造了一趟“乐评专列”，主题是：看见音乐的力量。网易云音乐精选了大量能引起人们强烈共鸣的用户乐评，贴满了杭州地铁1号线以及江陵路站。戳心的乐评打动了地铁乘客，并很快在线上引起了一阵“红色”刷屏潮。之后，一些企业争先恐后地“承包”地铁车厢，在车厢里玩起了所谓的情感营销，贴满了各种他们认为走心的文案，试图让乘客对企业产生好感。然而，乘客们用“低头刷手机”的现实行为无声地回应了包围着自己的内容。

近年来，因为一些美妆、时尚类的网红博主通过“种草”的方式，让一些品牌迅速火了起来。于是，一些企业按捺不住内心的冲动，在还没有弄清楚什么是“种草”，怎么“种草”的情况下，就开始迫不及待地找一堆网红、大号合作，以为这就是“种草”。结果自然是：钱打了水漂。

以上三个例子里折射出的对内容形式的盲目追求，我们将在本书的相关内容里详细解析。

内容本身：自 High+ 套路化

内容本身走向“自 High”和“套路化”，这点主要有以下三个症状。

1. 创意的风头盖过了品牌、产品本身

对身处商业战场的企业来说，到底什么样的内容才是好的？不少企业家认为：当然是有创意的内容了！只有有创意的内容才是“内容营销”，才能引爆全网刷屏！然而，刷屏给谁看？是给自己看、自 High 吗？还是品牌营销圈内人的相互追捧？

是的，比起提升品牌知名度、促进产品销售，一些营销从业者更渴望创作的内容在业内引起轰动，引发业内人士的广泛赞誉，最好能获个奖项。他们讲起这些内容的创意点头头是道，充满了专业术语。他们瞧不起那些讲话没有任何文采，但说到点子上的商业文案。但是，消费者和企业传播的内容接触是短暂的，他们不会去琢磨：这条内容的寓意到底是什么？即使他们被创意吸引，看完之后，留在脑子里的也很可能只有创意本身，却忘记了：这条内容在讲什么品牌、产品？这种盲目吸引人眼球的内容就是典型的“圈内热烈讨论，圈外浑然不知”的自 High 型内容。

除了“自 High 型内容”，越来越多的营销从业者还将一些内容营销方式套路化，例如以下两点。

2．逢热点必追

不少企业已将“追热点”变得极其套路化。于是追着追着，他们发现：自己和热点的关系只是自作多情、单相思。追了热点后，并没有蹭上热点带来的流量。有些企业追热点还追出了网友的反感、鄙视，引发了公关危机。例如，追明星出轨等丑闻、地震等灾难热点。

2017 年，四川九寨沟地震发生后，一些企业开始追地震热点，形式大同小异，就是在官方微博、微信上发祈福海报。而网上也出现了“怎么做地震祈福海报”的模板教程。广告界大 V 姜茶茶就发文说《连地震这种热点都要蹭的品牌就是 low 啊》，质问“拿个没版权的九寨沟风景图，让美工做个‘祈福四川’‘祝福九寨沟’，再加个企业 Logo，就显得你很有爱心了？？”[①]如下图所示。

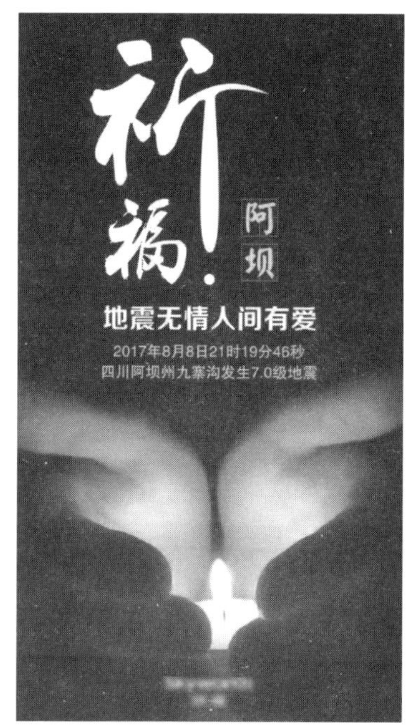

九寨沟地震，车很难开进去。放个救援热线到底是真，还是假？

为了蹭地震热点，结果“撞图”了（见下图）……

2020 年，新型冠状病毒导致的肺炎疫情在全球蔓延。一些企业问：疫情期间，到底怎么做品牌营销？问题主要集中在以下三点：

① 资料参考：微信公众号“姜茶茶”，《连地震这种热点都要蹭的品牌就是 low 啊》。

- 疫情期间，如果产品和疫情沾边（如健康保健类产品），该怎么借着疫情卖出产品？
- 疫情期间，要不要做点公益？如果要做，怎么做？
- 疫情期间，企业的自媒体、外围媒体等到底应该传播什么内容？

针对这些问题，可以用“疫情期间，企业做营销的三个雷区”来统一回答。

雷区一：疫情是灾难，不是“势”。

不要搞什么所谓的“借势营销”、卖产品。

例如，有些生产健康保健品的企业开始在疫情期间借着提醒大家注意身体、向医务人员致敬的名义，顺便推销自家能提高免疫力、强身健体的产品（常见的形式是：一篇微信公众号推文，前面讲述“疫情期间怎么保护自己”的内容，之后是卖货信息）——这种行为会令人反感。注意：疫情不是“势”，是灾难！

疫情期间，你要销售产品？没问题。该怎么销售就怎么销售，在商言商。一方面，卖货归卖货，但不要打着如意算盘，去蹭疫情的相关内容。即使销售的是能让人更健康的产品，只需大大方方地说你的产品为什么能让人更健康，不要和疫情扯上关系。另一方面，如果要表达企业对疫情的关注、对医务工作者的尊重，就纯粹地表达，不要表达之后加上自己的产品或品牌。

雷区二：不要从众做公益。

疫情爆发后，不少企业献出爱心，捐款、捐物。但是，那些在疫情期间一直没任何动静的企业开始着急。他们认为自己也该捐点钱或者做些动作以表示自己也是有爱心的企业。

这就是典型的从众做公益。这里的“从众”换个说法就是：不是发自内心的，只是害怕被网友揪出来，然后象征性地捐钱、发声。

疫情期间，与其说做公益，不如履行好企业社会责任。

什么是“企业社会责任”（Corporate Social Responsibility，CSR）？“智库·百科”的解释是：企业在商业运作里对其利益相关方应付的责任。如今，一些企业没有做好自己该做的事，解决自己该解决的问题，尽自己该尽的责任，却轰轰烈烈地做起了公益。

他们企图把“公益”做成“公关”，以掩盖自己在企业社会责任上的不作为。

企业社会责任和公益最大的区别就是：企业社会责任是战略层面的，它要为社会解决问题，创造价值，由此带领企业可持续发展。公益是具体的行为。公益只是企业履行企业社会责任的一种方式。

疫情期间，企业首先要考虑的是企业社会责任，而不是公益。例如，一家有自己的工厂或代工厂的消费品公司，疫情期间首先应该做的是：与工厂的员工沟通如何自我防护，或者督促代工厂妥善管理员工健康。

企业也可以把切实履行的企业社会责任形成短视频等内容，发布在官方的微博、微信公众号上。这比挖空心思想“怎么产出所谓的有创意的内容”更有意义。

雷区三：不要总是发和疫情本身相关、苍白无力的内容。

疫情期间，很多企业的自媒体内容大多和疫情本身相关，例如，为战胜疫情加油、向和疫情相关的工作人员致敬、让大家注意健康等。但是，这些内容在各大电视台滚动直播的内容面前显得苍白无力，而且不会引起人们关注。

如何开发有创意的内容以吸引人们关注呢？

首先必须清醒地认识到：无论是打造产品、拍广告片、做短视频、运营社群等任何方式，品牌营销从业者做的所有工作的本质是引起用户注意。

疫情期间，全国绝大部分人的注意力都在疫情上。具体分析，特殊时期注意力大多聚焦在如下问题：

- ❑ 疫情什么时候结束？
- ❑ 疫情期间，刚需产品如口罩、酒精等有卖吗？米面油菜等生活必需品供应得上吗？

以上这些问题，作为非必需品生产企业，你能回答吗？答案很明显——不能。既然不能，就不要挖空心思创造所谓的创意内容。

如何有效引起大家的注意力呢？或许可以换个角度思考。疫情期间，宅在家里就是个人对减缓疫情最大的贡献。这段时期，企业能不能多做点直播、短视频呢？内容可以集中在如何使大家能以比较治愈的方式宅在家里。这里说的“比较治愈的方式”就是根据“宅”这个情境有效转移大家的注意力。

例如：怎么整理房间、断舍离？怎么做家务？怎么在家里锻炼身体？有娃的一家五口怎么愉快地相处？诸如此类。

3.“情感共鸣”到“情感麻木”

如今，“情感营销”已然成了不少企业的“救世主”。当产品的功能卖点同质化越来越严重，一些营销专家大多会建议企业打“情感牌”，即不要赤裸裸地、生硬地和消费者沟通产品卖点；要从品牌理念的角度，引发消费者的情感共鸣。

是的，某种程度而言，基于情感的营销比基于理性的营销更有效。但是，因为“说功能不奏效”，所以寄希望于“谈情感”，或者为了“情感”而“情感”；这样反倒会让消费者从“情感共鸣”

走向“情感麻木”。最明显的例子就是：近年来，为了争夺“90后”及更细分的“Z世代”市场，越来越多的品牌主开始高呼“做自己”的口号，以迎合自主意识更强的年轻人。例如，某高端电动车品牌曾做了一个营销活动，主题是：90后独立宣言，去你丫的青春。整个活动网站充满了这种不屑一顾的宣言：“我是90后，我就是不一Young”“人生第一步，我选我自己的路”……这种刻意迎合年轻人“做自己”的人生态度，读来空洞乏味。

这也反映了一些企业试图以一种“讨好”的心态来刻意迎合年轻消费者。他们并没有真正理解年轻人心里对“做自己”的具体需求：是希望自己面对困难时更加无所畏惧？还是在和父母对去哪里工作等人生大事的选择上，发生冲突时的自我坚持？难道想怎么做就怎么做，不听任何人的建议就是“做自己”？这些企业往往是人云亦云的“观点拿来主义者”。

除了以上“内容营销套路”的例子，可以说，如今内容营销的“套路”只增不减。这其中最大的悲哀是：误把“套路”当“专业”，以为掌握了所谓的“套路”，自己就是营销的专业人士了。

内容生产者：“小编”化

如果你问企业负责人：“你们公司谁负责写内容？”大多数人的回答可能是：小编或文案。所谓“小编”也就是新媒体文案，主要负责策划、编辑企业微信公众号、小红书、抖音等新媒体内容。而企业发布的内容只要没什么效果，所有的责任也都是小编、文案来扛，能力不行呀！

但是，我们来看看现实情况中小编、文案这个岗位的人员素质。这个岗位的离职率高、流动性大。因为入行门槛低，不管什么专业的应届毕业生都可以来任职（这点和过去的“文案”是个专业性较强的岗位已然不同了）。很多小编、文案根本没有能力（例如，品牌营销的专业知识不扎实、阅历不够）真正理解企业的品牌理念，对产品卖点也是一问三不知，更不要提是否能表达清楚了。他们最熟练的技能是：排版微信公众号文章、拍摄充满网络流行语的短视频等。这个岗位越发“机械化”。如果一个企业把“内容营销是否有效”的希望寄托在所谓的小编、文案身上，真是对“内容营销”莫大的误解。

真的是“内容”本身出了问题吗？

那么，为什么“内容营销”会陷入泛滥又无效的境地呢？难道都是“内容”本身惹的祸？当越来越多的企业开始重视内容营销，愿意把部分营销预算投入到内容营销里，然而，迎接他们的却是：看不到“内容”能带来什么实际效果。他们开始困惑：到底什么样的内容才有效？内容到底值多少钱？例如，花100多万元拍一条品牌广告，为什么不把这100多万元直接回馈给用户，或降价促销发100万元的优惠券呢？这不是更能引起关注，带来销售转化吗？此外，内容营销没效果就该“内容”来背锅的“头痛医头、脚痛医脚”思维，也让企业在出现“无效内容问题”时，第一个想到的解决办法就是：赶紧换文案、换策划、换小编。可是，为什么又总是招不到合适的人呢？

其实，内容营销之所以陷入泛滥又无效的境地，主要有以下三点原因。

第一，企业把“内容”当成了救火队员、先斩后奏。最典型的表现是：不听取用户意见，工程师根据自己的专业思维研发了所谓的“顶尖级专业产品”；或者企业创始人为了自己的梦想，打造了某个产品概念。然后，他们要求品牌营销的相关部门、团队，通过策划创意内容、爆点话题等，把产品包装成网红，让人们争相购买。于是出现了这样的情景：产品不好卖？全怪品牌营销没做好。老板斥责：“为什么你们不能想出某某品牌的那样刷屏创意？”“你看：那个创意都没花什么钱嘛！”这种先孤岛式地生产产品，再企图通过所谓的内容包装让产品一夜爆红的思维，就是典型的把“内容”后置，让“内容”当救火队员。那么，“内容”在企业的整体营销管理里，到底扮演一个什么样的角色呢？“什么是精准内容？”本节将详细剖析。

第二，企业忽略了内容要给用户带来价值。“现代营销学之父”菲利普·科特勒对“什么是营销”有个经典的定义：营销就是管理有价值的客户关系。那么，用于营销的内容——内容营销也要为用户带来价值；也只有为用户带来了价值，才可能给企业带来商业价值。要知道：内容营销 = 营销 + 内容；营销在前，内容在后；先有营销目标，再有内容产出。例如，有些人没有意识到，每天给自己订束鲜花会让一天的心情焕然一新。这时，鲜花订制企业的一篇“怎么扮靓心情”的文章，也许就能开启人们购买鲜花的需求。解决不同的问题，需要不同的营销内容。不是内容越多越好；也不是流行什么就写什么，一味地追求“爆款内容”。

第三，媒介太多，每个媒介都要铺撒内容。注意这里用的一个词“铺撒”。如今，各种媒介数不胜数。下图是社会化商业资讯提供商 Kantar Media CIC 发布的“2019 中国社会化媒体生态概览”。[①]

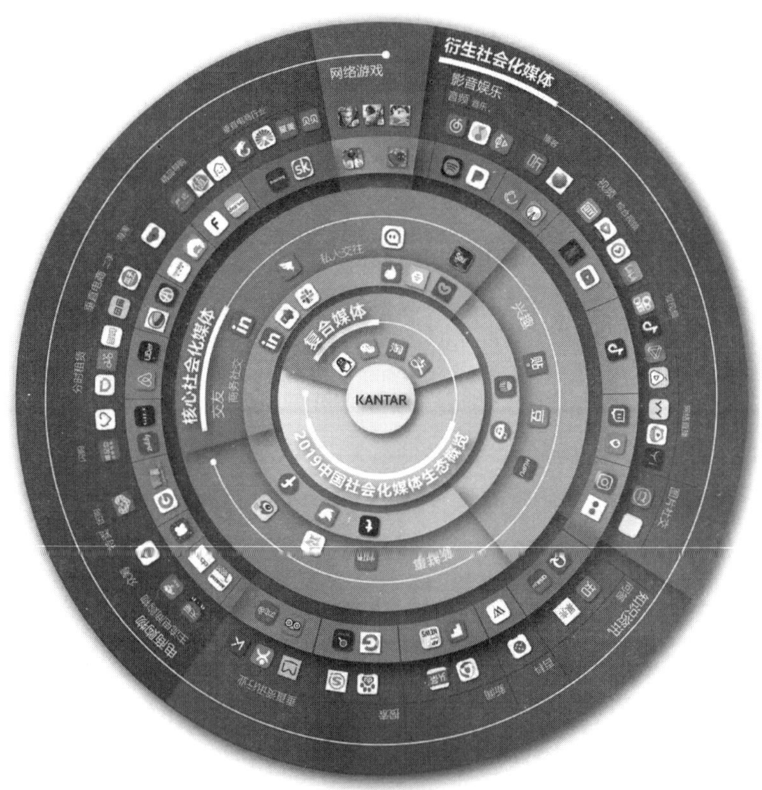

① 资料参考：中国广告 AD 网，《2019 年中国社会化媒体生态概览白皮书发布》。

在海量媒介前，企业往往迷失了阵脚，不知道该怎么布局内容。索性广撒网，将本该是有策略的“内容布局”变成无头苍蝇般的“铺撒”。而这些在大量媒体上铺撒的内容又没有根据媒介平台的特性量身定做，往往是“复制”“粘贴”的动作，千篇一律。

精准内容是内容营销的大势所趋

现在，我们认识到了“内容泛滥又无效”不能完全归咎于“内容”本身，不能以狭隘、单点的内容思维来看待“内容”，开展内容营销工作。那么，到底该怎么解决这个营销困局呢？这正是本书要解决的问题。

什么是精准内容？

再次强调，“精准内容”不是拼文案有没有创意，不是拍一条酷炫的视频，不是写得一手好文章……这些固然重要，但它们只是内容生产的某项能力。“精准内容”是有关“内容营销”的方法论体系，贯穿产品、品牌、传播、运营等各个环节，它是一种让内容营销品效合一、结果导向的营销思维。

要理解什么是精准内容，可以从以下这张图讲起。这张图深刻地展示了精准内容为什么能让企业的内容营销品效合一。

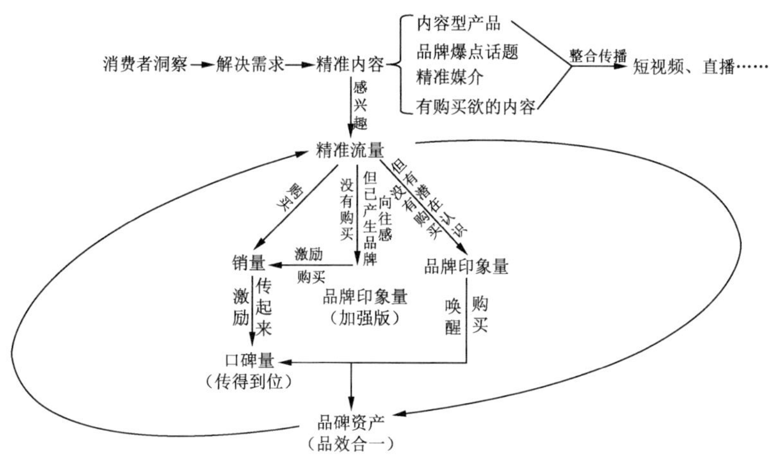

精准内容是有关“内容营销”的方法论体系

首先来看图的上半部分。

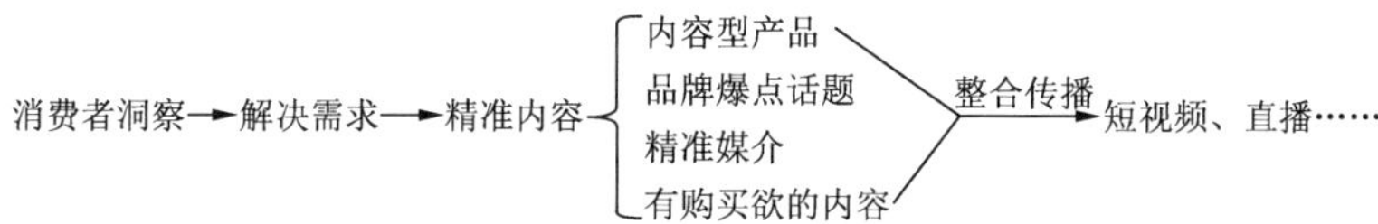

在分析如今内容泛滥又无效的原因时，说到了其中两点。第一点：企业忽略了内容要给用户带来价值。不能给用户带来价值的内容就是在浪费用户的时间、企业的营销费用。那么，怎么做到这一点呢？这就要回到营销的源头，也是精准内容的根源：消费者洞察。第2章中会详细分析：消费者洞察的本质就是发现或创造用户需求。

精准内容以消费者洞察为基础，由此，企业创造了“内容型产品”、制造品牌爆点话题、找到精准媒介、策划让人们有购买欲的内容；让用户因为精准内容汇聚在品牌上。而常见的长图文、短视频、直播等都是精准内容的具体分发和推广方式。

此外，在整个过程中，精准内容不是一潭死水，它是活的。它要在以上各个环节、通过各种方式和消费者互动，即时测试、把握消费者对内容的反应。

第二点：企业把“内容”当成救火队员，先斩后奏。不少企业老板认为“内容营销”只是市场部、公关部等部门的工作，他们只须单兵作战，和其他部门没有什么关系。真的是这样吗？

不妨从另一个角度思考，回归营销最底层的理论：菲利普·科特勒提出的“4P”。菲利普·科特勒认为：营销包括4个“P”（Product：产品，Place：渠道，Promotion：促销，Price：价格）。这4个部分共同组成了“营销”。也就是说：“营销”从发掘顾客需求、做一个什么样的产品开始，贯穿公司的整体战略。所以，“营销”绝不是做广告，或和销售相提并论。

那么“内容营销”的“内容”应该出现在“4P”的哪个环节呢？“精准内容”认为：“内容”应该贯穿至4P的每个“P”。例如，在企业开始酝酿产品时，就要有“精准内容”的深度参与，如下图所示。

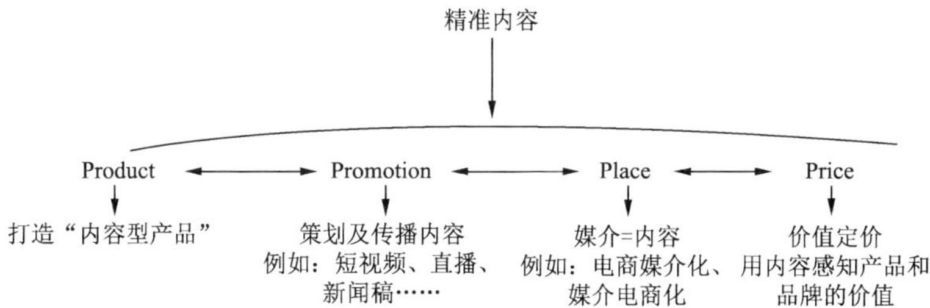

本书接下来的每一章也会体现这一点，告诉你如下内容。

- 精准内容的根源：洞察。
- 怎么打造“内容型产品”，让产品自营销？
- 怎么通过制造品牌爆点话题，让消费者明白：品牌到底意味着什么，从而认为：你的产品比竞品更值得买。
- 怎么找到精准媒介？精准媒介和精准内容的关系。
- 怎么策划让人们有购买欲的内容？

由此可以看出：企业一旦启动了以“精准内容”为导向的内容营销战略，意味着将打破传统的组织架构工作模式。内容营销不再只是哪个部门或团队的唯一职责。

一方面，它首先必须是每个市场部、品牌部负责人要掌握的专业体系。而这个专业体系的方法论就是本书要讲的有关“精准内容”的各章节内容。市场部、品牌部负责人要将自己定位为“内容营销管理者”，带着团队参与到企业的产品研发、推广传播及用户运营中，要为产品注入、为品牌创造，最终为用户带来精准内容。

另一方面，产品、运营、技术等各个团队的负责人也要有“精准内容”的意识，敞开胸怀，积极让企业的“内容营销管理者”及其团队参与到自己的工作中，让“内容”为自己如虎添翼。当然，最重要的是企业的最高决策人，例如，CEO要意识并理解“精准内容”的价值和意义。

因此，只有当企业的各相关部门都被注入了“精准内容”的营销思维和方法论，企业才能减少乃至避免“内容浪费”，让内容营销发挥真正的价值。

此外，从消费者的角度来看，他们不会区分内容到底来自哪里；他们不会像营销从业者那样分析：在微信、小红书等社交媒体，楼宇框架广告等传统媒体，电子优惠券、某个购买流程页面、产品包装上看到的内容各侧重什么。他们不可能会去想：这些内容是由品牌、公关还是运营部门谁负责的。他们也不可能会刻意区分：哪些内容是树立品牌形象的，哪些内容是要直接促进销售的。在消费者的大脑中，所有的内容都代表着这个企业的形象；所有的内容都必须对我有价值；所有的内容如果打动了我，就要给我一个可以随时购买的便捷入口。

精准内容的效果：自带精准流量

再来看看“精准内容——让企业的内容营销品效合一”图的下半部分。

营销从业者总是热衷于用“获取了多少流量”来评估内容产生的效果。但是，流量再多，如果只是一个数字的展现，没有产生什么价值，就是“无效流量”，在浪费营销费用。

精准内容要带来精准流量。精准流量就是：流量并不是越多越好。与其关注流量的多少，不如关注流量的精准度。例如，如果一次网络营销活动吸引来的流量只是大量来蹭奖品的“羊毛党”，就是没有什么意义的。精准内容吸引来的精准流量是：至少对品牌产

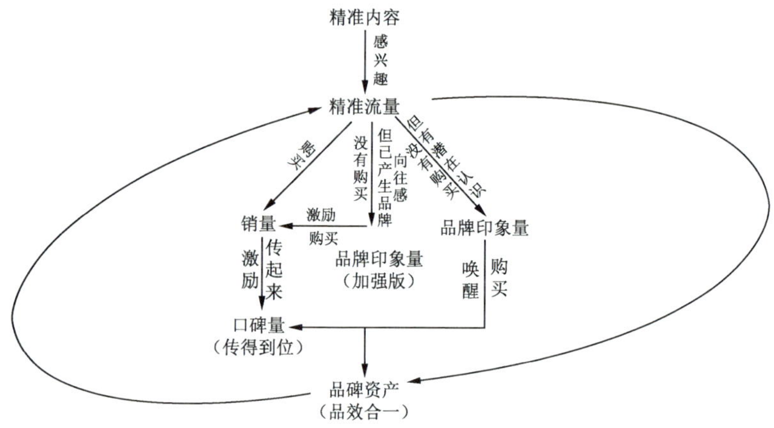

生了好感、对产品感兴趣的人。这些人或有着相对高度集中的人口学统计特征，例如，年龄、教育背景、收入等，或有着如出一辙的生活方式等。总之，他们是企业的目标用户或潜在目标用户。

那么，为什么精准内容能带来精准流量呢？这就是“精准内容——让企业的内容营销品效合一”图的上半部分展示的系统化运转在发挥作用。

精准内容带来精准流量。带着“需求”，或至少是“兴趣”而来的精准流量会在销量、口碑量、品牌印象量出现效果分化，接下来分别介绍。

销量——一部分精准流量很有可能转化为销量。但是，因为有些内容的营销目的确实不是以“销售”为直接目的，例如，仅仅用于树立行业地位。抑或购买过程本身很复杂，存在一些不确定因素，进而干扰实际购买行为。例如，不是当前的迫切需求、还想货比三家、克制自己“等等看”等行为。这其中最不应该出现的干扰因素就是销售链接不畅通。也就是说，消费者非常想下单付款，但就是找不到在哪里买？或者不会操作具体的购买步骤。

要注意的是：精准内容产生了销量，不是万事大吉，到此为止。营销从业者的工作还没有结束，要想办法通过“精准内容”的方法论，把销量转化成口碑量。也就是让用户因为良好的产品使用体验自发宣传：产品怎么好用？为什么喜爱这个品牌？

接下来看看精准流量转化成的口碑量。

口碑量——当然，有口碑的前提是产品确实好用！否则，投入再多的推广预算，也是竹篮打水一场空。但是，不少企业天真地认为：消费者用了好用的产品，自然会爱上这个产品，替企业宣传。这就有点一厢情愿了。

这里的口碑量分为两种情况。第一种情况是：消费者没有购买、使用产品，但已经产生了品牌向往感，他们愿意传播这个品牌。这种情况在奢侈品牌上尤为明显。例如，你对香奈儿、爱马仕等奢侈品牌产生了无限向往感，但暂时还没有经济能力购买，然而，这不妨碍你向身边的人表达你对这些品牌的喜爱和推荐。这种口碑量对企业而言当然是难能可贵的。企业要想办法为这样的消费者尽可能地创造购买条件，让他们早日使用产品。例如，推出入门款产品等。

第二种情况是：当人们购买、使用产品后，怎么激发他们口口相传产品、品牌呢？

不管是上述哪种情况，口碑相传的“传”都有两个层面的含义。第一个层面是要传起来。如前面所说，因为精准内容本身就带着到位的消费者洞察，所以它能戳中用户的痛点或痒点，让用户在某种情境里有传播它的欲望。但是，营销从业者还是要创造一些激励手段，例如，裂变活动、贴心的售后服务等。

第二个层面是指除了传起来，还要传得到位。也就是说用户口碑相传的内容是企业想要表达给消费者的产品卖点、价值主张等，不能传错、传偏了。要做到传得“到位”，企业就要给用户提供唾手可得的“内容炮弹”。什么是“内容炮弹”？就是要为用户创作用于他们传起来的内容。这条内容要解决的核心问题是：你为什么要买这个产品？你有什么理由爱上这个品牌？不管是产品的某个功能好用，还是品牌倡导的生活方式打动了你，总之，要给人们一个“我愿意走近你、拥有你”的理由。

举个例子：你做的饼干很好吃，也深受用户欢迎。但是，当用户想自发地为你宣传这款饼干时，却不知道该怎么言简意赅地表达。这时，你就要为用户想好“传起来”的那句精准的转发语或者品牌故事。例如，这款饼干用日本北海道牛奶替代水，咬一口就像吃着浓郁、松软的饼干泡牛奶。例如，你是孩子的妈妈，希望亲手为孩子制作无任何添加剂的饼干，让孩子从小就吃到纯纯的食物、感受纯纯的爱。

例如，电商卖家都希望用户购买和使用自己的产品后能留下优质的评论。但是，大多数用户的内容生产能力不高。这时，营销从业者就要想办法为用户生产“内容炮弹”，激发他们愿意分享，帮助他们分享到位。

通常的做法是：为用户提供一份现成的文案或者图片，甚至是一篇微信公众号文章，告诉他们：如果给好评或者转发到朋友圈，就能获得诸如“第二件立减多少钱”等优惠。以一款防晒霜来说，引导评论的文案可以是多角度的：

我是油性皮肤，脸上经常爆痘，夏天吸油纸一天要用5~6张。没想到这款防晒霜涂在脸上，清爽不油腻，还有保湿效果。

这款防晒霜太适合我这样的懒人了。我就喜欢极简的护肤程序。特别是夏天，讨厌涂了防晒霜，还要涂粉底液。这款防晒霜涂在脸上，肤色自动提亮，还显白。一举两得。

如果防晒霜卖家希望用户留下以上场景化、触动人心的评论，就要有意识地在商品详情页、购买后的短信、私域流量运营里埋下相关的“内容炮弹”。

品牌印象量——品牌印象量就是：精准流量没有立即购买，但是对这个品牌产生了潜在认知或积极的向往感面认识。今后，他们很可能会主动关注、搜索、正面评价这个品牌，还很可能会出现延时性购买。

企业要想把品牌印象量转化为销量，就要让前期建立的品牌印象不仅牢固，而且保持一定唤醒频率。只有“牢固 + 被唤醒”，才能提高品牌印象量转化成销量的概率。也就是说：当人们产生相关需求时，这些人会减少决策时间，甚至毫不犹豫地选择有品牌印象量的产品。因此，那些指望猛砸一条广告就一劳永逸的企业，还是省了这笔钱做点别的吧。不管是内容营销，还是其他任何品牌营销工作，都要持续不断地投入。这里的“投入”不能肤浅地理解为只花钱。每一次投入都是让品牌资产增值的投入。

是的，精准流量分化的销量、口碑量、品牌印象量都是企业的品牌资产——所有的精准流量将汇聚成品牌资产，品牌资产的不断积淀又会带来更多的精准流量。这个不断正向循环的过程如同企业增长的引擎，让企业保持市场竞争力。

此外，“精准内容带来精准流量”的效果衡量也打破了：过去将品牌建设效果刻板地分为先建立知名度，再打造美誉度，最后建立忠诚度的三个阶梯式阶段。事实上，当以“精准内容”为导向的内容营销战略启动时，获得的精准流量分化成销量和品牌印象量，带来口碑量，最终将汇集成品牌资产——这就让内容营销的结果能品效合一并开始正向循环。

链接：什么是品牌资产？[①]

一些营销从业者认为：“品牌资产”是个很虚的概念，讲不清楚，于是避而不谈。但是，“品牌资产”是个很重要的概念。可口可乐前董事长伍德鲁夫有一句名言：“假如我的工厂被大火毁灭，假如遭遇世界金融风暴，但只要有可口可乐的品牌，第二天我又将重新站起。”也就是说：当一切有形的硬件资产都灰飞烟灭了，但品牌资产犹在，企业就有东山再起的机会。

① 资料参考：凯文·莱恩·凯勒，《战略品牌管理》，中国人民大学出版社。

其实只要从消费者的角度理解“品牌资产”，这个概念就能迎刃而解。“品牌资产”就是：人们不仅知道你的品牌，而且了解并深深地爱上了你的品牌。而“知道”“了解”“爱上”的具体表现就对应着前面提到的“精准内容”的效果：感兴趣（品牌印象量）、购买（销量）和自发宣传（口碑量）。

企业建立品牌资产，就要让消费者拥有相关的品牌知识。只有如此，消费者才能知道、了解并爱上你的品牌。品牌知识包括品牌认知和品牌联想。品牌认知是指消费者在不同的情境里能认出这个品牌。例如，该品牌的名称、Slogan、LOGO、包装等品牌元素是否已经在人们心中“登记挂号”了？

品牌联想指的是人们对某个品牌形成的独特的、强有力的、有偏好的联想。一个品牌可以有很多种品牌联想。例如，一提起可口可乐，有可能产生的品牌联想是：爽、解渴、过瘾、快乐、有创意、历史悠久、美国文化、高糖、发胖等。营销从业者要做的是：找到那个独特的、强有力的、有偏好的品牌联想，并不断把这个品牌联想注入产品更新以及各种推广中，让人们对品牌有差异化的反应。还有，对于那些负面的品牌联想，营销从业者也要想办法通过改进产品、推广等方式淡化或去除。

“精准内容”整个方法论体系的使命就是：让消费者拥有对品牌的精准认知和精准的品牌联想，从而为企业积累品牌资产。因此，企业每年花在“精准内容”导向的内容营销上的钱，不应该被认为是“开支”，而是“投资”。这是对顾客“品牌知识”的投资，由此创建了品牌资产。

那么，怎么证明公司有品牌资产呢？可以从两个层面入手。第一个层面是消费者层面，第二个层面是品牌本身的发展空间。

首先来看看消费者层面。既然品牌资产是人们不仅知道你的品牌，而且了解并深深地爱上了你的品牌，你当然可以用问卷调查等方式，看看消费者对品牌掌握了多少知识。还有种有意思的方法就是盲测。

例如，有研究者曾做过一个实验。请一组 3 ~ 5 岁的孩子吃炸鸡和胡萝卜。这些口味没有任何区别的炸鸡和胡萝卜被分别装在两个纸袋子里。一个是普通纸袋子，一个是印有麦当劳 LOGO 的纸袋子。孩子们吃完这两个袋子的炸鸡和胡萝卜后，研究人员问他们：哪个更好吃？几乎所有的孩子都觉得装在麦当劳袋子里的炸鸡和胡萝卜更美味。

为什么呢？因为不管是孩子还是大人，他们对产品性能的感知，很大程度上取决于他们对该产品是什么牌子的品牌印象。换句话说：这个牌子的衣服好像更合身，这个牌子的饮料似乎更健康，这个牌子的护肤品应该效果比较好……这些都是特定品牌给顾客留下的印象。

其次来看看品牌本身的发展空间。例如：

- ❑ 产品价格上涨了，用户会抵触吗？
- ❑ 企业不投广告了，消费者还对这个品牌有印象吗？
- ❑ 人们到了一个陌生的地方，更愿意去寻找和使用你的品牌吗？
- ❑ 人们是否愿意接受你的品牌推出其他品类的产品或子品牌？

- 因为这个品牌，你是否有了更多的商业合作机会（如跨界营销）？

……

链接：刷屏“神广告”销售转化不到 0.00008，这样的广告成功吗？

前面提到的护肤品牌和“局部气候调查组”合作的“一镜到底”长图文广告《一九三一》刷爆了微信朋友圈。这条广告的主题是与时间作对。创意的大背景是：该品牌是上海的一个品牌，成立于 1931 年。于是，广告主打民国风，展现了 20 世纪 20 年代到 40 年代大量民国时期的生活方式。最后再抛出“与时间作对”的主题。看到最后，你会知道：作为神秘女特工的阿玲，她杀死的敌人是：时间。

但是，大多数网友对这则广告感兴趣的点是广告形式“长得长”，至于阿玲杀死的是谁，以及品牌在广告里埋下的各种伏笔，网友们无暇顾及或很难心领神会。例如，所有店名的门牌都是鸟类的名字，图中还穿插了一些名人名言、经典影视剧场景等。还有深层次的细节，例如，阿玲下楼后路过的场景，对应着女性人生的各个阶段——约会、结婚、孕育孩子、教育孩子等。

与此同时，业内人士对该品牌的这条长图文广告提出了质疑，一篇《哭了！ XXX 神广告转化不到 0.00008，还涉及侵权》的文章也随即刷了屏。文章的大意是：“XXX 的这条广告有过亿量级曝光、几千万量级的阅读。根据媒体报道，XXX 此次的广告投放预算不会低于 300 万元。但是，经过此番战役，它的天猫旗舰店销售额却不到 80 万元。而且，广告中多处人物形象来自明星剧照、淘宝模特，移花接木，涉嫌侵权。”

“XXX 神广告事件”向营销从业者提出了一个一直以来业内避讳回答的问题：创意广告是否要带来销售转化？抑或是人们通过广告记住了品牌就可以了？

关于这个问题，有业内人士发文反驳：“我们要思考公关的责任是什么？公关不承担卖货的责任。不要做任何公关活动就想着销售转化。该品牌此次广告活动并不是奔着直接销售转化而去的。相反，克制的品牌更看重的是品牌自身形象的塑造。在这样的情况下，用销售转化去评价最终的效果并不合适。”①

理解了什么是“精准内容”？接下来分析下这个问题。首先，不能刻板地定义：因为是什么部门或团队负责的内容，所以这个内容就要承担对应的什么功能？例如，该品牌的这条“一镜到底”长图文是公关部负责的，所以公关部不负责销售转化，不能用销售转化来评价最终结果。那么，试问：公关部能做一镜到底长图文，市场部就不能做了吗？又或者是运营部门就不能做了吗？如果这条长图文是市场部做的，那么，一模一样的内容是不是就要背“销售转化”的 KPI 呢？

此外，如果是带着单项的“品牌思维”或“公关思维”来创意内容，

① 资料参考：王雷柏，《跟百雀羚刷屏的“神广告”谈转化，是不是要流氓》。

总是纠结内容的一些细节是否达到专业标准，反而会和消费者脱节，陷入自嗨中。不用害怕消费者知道自己的卖货目的，这没什么动机不纯的。一味遮掩，反而有点掩耳盗铃的感觉。问题的本质不是卖不卖货（企业不卖货，它存在的意义是什么呢），而是内容有没有给消费者带来价值？如果是有营销价值的内容，消费者自然会惦记着你的商品，甚至立即购买。

最后，我们不能因为销售转化率低就全盘否认这条长图文的价值。它显然带来了一定的精准流量。精准流量一部分转化成销量，还有一部分转化成了品牌印象量。但是，品牌的每一次曝光机会都来之不易。当人们知道这个品牌并产生了兴趣时，如果不能在内容里给他们一个“立即就买”的转化按钮（如商品的销售链接），就浪费了一次将精准流量转化成销量的宝贵机会。

好了，关于“什么是精准内容”，你已经有了一个全局的理解。接下来让我们进入“精准内容”具体怎么落地的内容吧。

第2章

洞察：精准内容的根源

洞察是营销的基本功。不理解洞察，不知道洞察什么，怎么洞察？生搬硬套一些所谓的品牌营销方法论或拍脑袋想创意，都是无稽之谈，没有意义的。同样，要掌握“精准内容”的方法论体系，首先要做的不是学什么具体的方法，而是把“洞察”这门功课做扎实。洞察是精准内容的根源。

什么是洞察?

“洞察”是品牌营销从业者常挂在嘴边的一个工作术语。例如，“这个产品真难用，有没有洞察到用户的痛点呀？”“这个创意太空穴来风了，没有洞察！”“这条文案写得真戳心，很有洞察！”那么，什么是洞察？洞察就是：那个本来就存在，但你要花一番功夫，结合个人经验和分析才能获得的事实。

理解洞察有三个要点，接下来分别介绍。

要点一：洞察是本来就存在的事实，不是你创造产生的，是你获得的。

洞察很奇妙。我经常用一句类比来描述“洞察”：它不是科学家发明的新东西，而是航海家发现的新大陆。试想：1492年10月12日，哥伦布发现的美洲大陆是不是本来就存在的？只是他受西班牙国王派遣，率领3艘百十来吨的帆船，从西班牙巴罗斯港扬帆出海大西洋，经过70昼夜的艰苦航行，历经千辛万苦才发现了这块宝贵的新大陆。

要点二：虽然洞察是本来就存在的事实，但这个事实不像今天刮风下雨或烈日暴晒这样显而易见，你需要通过大量努力才能获得。知识服务平台“得到”的“精英日课”专栏作者、美国科罗拉多大学物理系研究员万维钢老师在点评麦兹伯格的《意会》这本书时说到获得“洞察”要经历三个阶段：

- 收集大量的数据。
- 从数据中找到规律，发现“模式”（Pattern）。
- 把模式综合起来，形成理论。所谓理论，就是你能用一句话描写那些数据。

要点三：洞察不是观察。洞察要揭示表面现象背后的深层原因。关于洞察，有个形象的比喻。“洞察”是隐藏在海里的冰山。大多数人看到的往往只是露出海面的冰山一角，但有洞察力的人却看到了别人看不到的海里的冰山（见下图）。因此，当我们找到“洞察”时，会有一种“识破真相”的快感。

案例一：这两种“饿”中的哪种是洞察?

号称要“横扫饥饿”的花生夹心巧克力品牌士力架在中国推出了“饿货表情装”。“饿货表情装”上印着人们饿了时的各种卡通表情，有“饿晕了”“饿哭了”“饿跪了”“饿炸了”等（见下图）。

那么，士力架的“饿货表情装”这个创意点有洞察吗？很显然，“饿货表情装”只看到了人们饥饿时的表象。例如，饿晕了、饿炸了等。

再来看看同样围绕着“饿”，士力架美国在包装上印的是什么？它印的词语都围绕一个主题：“You are not you when you are hungry”（你饿的时候就不是你了）。这些词语有：戏剧化的（Dramatic）、呆滞的（Spacey）、迟钝的（Loopy）、暴躁的（Cranky）、抠门的（Curmudgeon）、傻傻的（Goofball）、傲慢的（Snippy），如下图所示。“You are not you when you are hungry”（你饿的时候就不是你了）就是洞察。它看到了现象背后人们的心理特征。

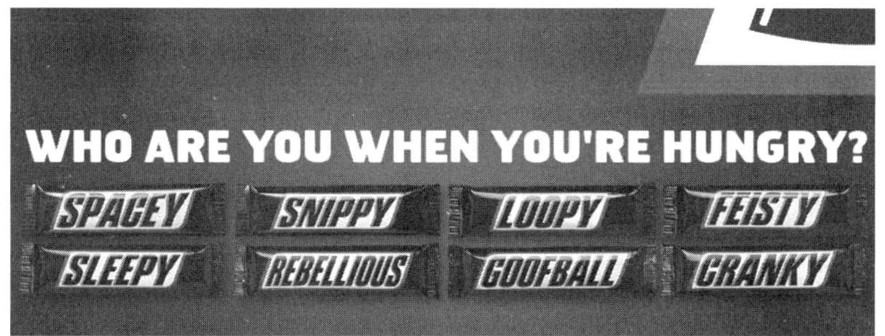

围绕这个洞察点，士力架美国在推特上发起了“你饥饿的时候你是什么？”的小调查，鼓励年轻人在社交网络上@自己的朋友，尤其是那些饿了会出现以上症状的朋友。粉丝还可以登录相关网站，选择“饥饿时的自己”，然后通过上传照片合成恶搞头像，打上#eatasnickers（吃一根士力架）的标签，在网络上分享。

案例二：自拍时希望把自己拍得美美的，这是洞察吗?

vivo某款手机主打的卖点是2000万柔光双摄。这个功能对于自拍效果比较显著。那么，怎么通过内容把这个功能和自拍的场景连接在一起呢？内容里要有什么样的洞察呢？

很多人喜欢自拍，希望自拍时把自己拍得美美的——这不是洞察（洞察不是观察。洞察要揭示表面现象背后的深层原因）。“在自拍时代，有一群人对自拍上瘾，而他们不能忍受光线太弱的拍照环境或者拍完照修图要修半个世纪，或者介意同框人颜值太高以致碾压了自己的存在感……”这才是洞察，它找到了人们隐藏在水面下对“美”的真正需求。

于是，vivo把有以上自拍特征的人称为“自拍症候群患者”，并制作了一支充满神秘色彩的视频——“自拍治愈馆”，还在该品牌的天猫旗舰店上同步开了一家“自拍治愈馆”，发起了#自拍来治愈#的内容营销活动（见下图）。①

① 资料参考：大创意，《脑洞之王“天猫超级品牌日”》。

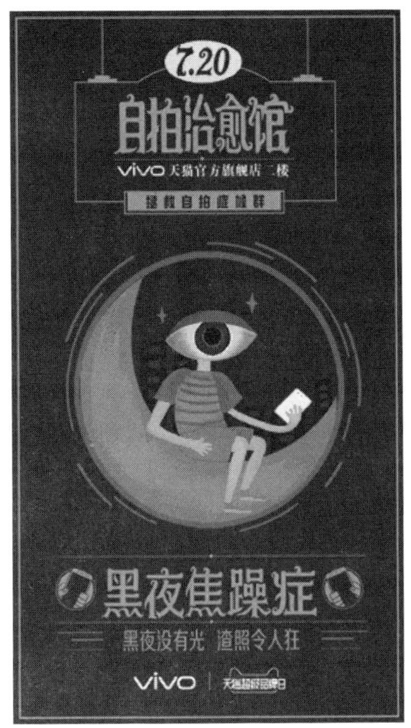

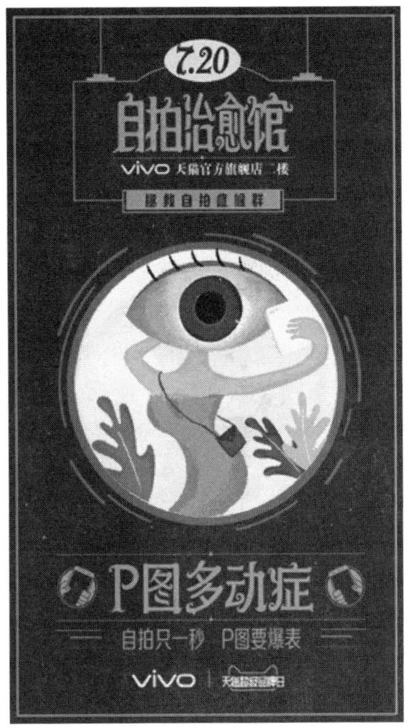

洞察什么？

那么，洞察——到底洞察什么？一句话：消费者的真实需求。

首先理解下需要、欲望、需求，这三个经常混淆的词有什么区别和联系。

什么是“需要”（need）？你是不是听过“我们要创造用户的需要”这句话呢？“需要”能创造吗？不能！“需要”是人与

生俱来的，它是人之所以是人的固有部分。马斯洛在其“需要层次理论”（见下图）里罗列了人在特定时期的特定需要：从金字塔最底层的饥饿、干渴等生理需要，到塔尖的自我发展和自我实现需要，这些功能及精神层面的需要都是营销从业者无法创造的。此外，要注意的是，人们在不同的情境和生命阶段里会有不同的优先需要，所以，并不是说要按部就班地来实现从金字塔最底层到塔尖罗列的需要。有的人可能情愿忍饥挨饿，过着饥一顿、饱一顿的生活，也要踏上艰难的旅途，去寻找自己的

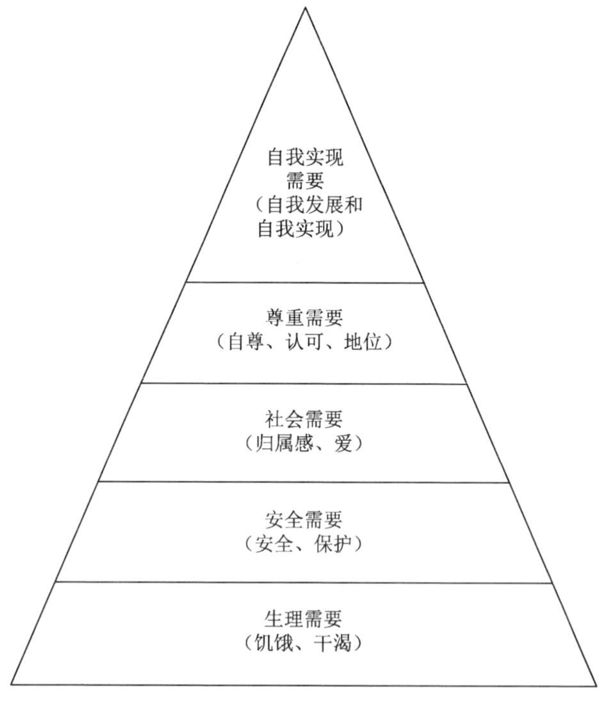

人生价值。

什么是“欲望”（want）？“欲望”指的是满足需要的特定方式。“欲望”和每个人的个性、特殊经历、社会和文化因素息息相关。例如，“饿了要吃”是生物意义上的需要。但是，同样是饿了，陕西人从小养成的饮食习惯是吃碗面条饱腹，南方人则想吃碗白米饭来填肚子。同是南方人的四川人可能想吃回锅肉配白米饭，福建人更想喝汤配白米饭。

什么是“需求”（demand）？“需求”就是满足用户需要、可实现的方式。“需求”和“欲望”的最大区别是：你是否有能力让“需要”实现？例如，你饿了，很想吃一顿佛跳墙，但是你没钱消费如此名贵的大菜（佛跳墙就是欲望）；想想还是吃个沙县小吃吧（沙县小吃是需求）。例如，你想通过音乐释放压力，但是你所在的城市从来没有举办过高雅的音乐会（音乐会是欲望）；想想还是去KTV里唱首歌吧（唱KTV是需求）。所以，只有当你有能力、有可能实现“欲望”时，它才能转化成“需求”。

由此可见，需要是本来就已经存在的，当它通过欲望转化成需求时，就要得到满足。但是，对营销从业者来说，首当其冲的难题就是：目标用户的真正需求是什么？因为很多时候，用户也表达不清楚自己到底有什么需求？

例如，最典型的一个场景：每次到了中饭时间，写字楼里的白领们饥肠辘辘，但却总说不出来具体想吃什么。对这些白领而言，“午餐吃什么”就是个让人头疼的世纪难题。他们只会笼统地说：“我饿了，我想吃饭。”然而，这不是真需求。真需求也许是：你洞察到一线城市的一些白领渴望健康的生活方式，她们希望午餐美味又不发胖，还能为下午的工作带来饱满的能量。于是，你“对症下药”，开发了以藜麦等粗粮为主食的高蛋白肉类低脂沙拉，进而满足了这部分人群的需求。

怎么洞察“真需求”？

虽说想洞察出消费者的“真需求”很难，但也是有迹可循的。我们可以从三个方面来洞察真需求。也就是说，在洞察目标用户时，我们通常从这三个维度找到“真需求”，获得有效的洞察结果。它们分别是：人口统计特征、社会环境变化、价值观。这三者的关系可以用一个公式表达：

洞察需求 = 人口统计特征 ×（社会环境变化 + 价值观）

接下来就这三个方面进行阐述。

消费者的人口统计特征

人口统计特征是指年龄、性别、地理位置、家庭规模（三口之家、五口之家、单身等）、收入、职业、教育程度等。这些特征最直观，而且容易测量。但是，如果仅仅只是表述为——性别：女，年龄：20~25岁，月薪：1万元等，这些表象数据对营销从业者来说几乎没有什么深层价值，它无法折射出消费者有什么需求？

例如，以年龄为例。大量研究证实：年龄更是一种心理状态，而不是身体状态。与其用实际年龄（你在这个世界上活了多少年？）作为营销策略的依据，不如用“自我感知年龄”（perceived age）。“自我感知年龄”可以用几个维度加以衡量，包括“感觉年龄”（一个人觉得自己有多大）和“视觉年龄”（一个人看起来有多大）。随着消费者年龄的增长，他们会越发觉得自己比实际年龄年轻。因此，在很多营销活动中，营销从业者更愿意强调产品的好处，而不是它适合某个年龄的人。因为一些消费者不会购买针对他们实际年龄的产品。[①]

亨氏公司就曾因此犯下让自己声名狼藉的错误。该公司调查发现：许多老年人购买婴儿食品，因为它们量小易嚼。亨氏认为：这是老年人这个市场群体的需求。于是，就专为佩戴假牙的老年人推出了“老年食品”。结果，这一产品失败了。老年人不愿向别人（即使是超市里互不相识的收银员）承认自己老了，而且需要专门为自己定制特殊食品。他们宁愿购买婴儿食品，那样就可以装成是为孙子、孙女购买的。在这个案例里，老年人的真实需求是：买到适合自己牙口的食品，但又不能暴露自己“老年人”的状态。[②]

① 资料参考：迈克尔 R. 所罗门，《消费者行为学》，中国人民大学出版社。

② 同上。

更进一步说，即使消费者有相同的人口统计特征，他们购买产品的原因也可能有着本质的差别。因此，这些人口统计特征只有被注入价值观的活力，并在社会环境的变化中才生效；只有人口统计特征、社会环境变化、价值观这三个元素相互之间发生关联，才可能让消费者的真实需求浮出水面。

还需注意的是，一些情况下，品牌的目标用户并没有清晰的人口统计特征，他们往往就是大众。不是所有的产品都要面向某个细分市场。对一些快消品、零售行业等来说，关注更多的就是大众需求。大众市场里有很多不同的顾客，存在多样性因素。这时，营销从业者要洞察的是社会上已逐渐或预计会普及的某种需求。千万不要陷入“为了找人口统计特征而找人口统计特征”的死胡同里。

社会环境变化

任何一种需求都不是空穴来风的，都有其发生的时代背景，是在特殊的社会环境里创造和发散的。营销从业者要确保自己洞察的需求是与时俱进的，他们必须对社会环境的变化保持高度敏感性。

“社会环境”包括经济环境、人口环境、文化环境、技术环境、舆论环境等。技术变革、经济发展、人口结构变化、社会运动（如公平贸易运动等）以及大众传媒的力量等造成了社会环境的变化。

例如，法国社会学家皮埃尔·布迪厄（Pierre Bourdieu）把一个人拥有的“资本”分为三类：经济资本、社会资本、文化资本。经济资本指的是一个人有多少钱。社会资本强调了组织归属和网络的重要性。人们以高尔夫球、网球、跑步俱乐部的形式连接着彼此，很多生意都是在这些体育运动中做成的。但是如今，随着经济水平的提升、科技的进步，社会不再简单地以财富的多少来划分阶层，人们越来越看重文化资本。例如，怎么证明自己有品位呢？于是，为了满足人们对文化资本的需求，近年来，插花、油画速成等培训班受到不少人的追捧。①

还有，随着如今国内人均收入得到提高，创业大潮被广泛报道，人们对“什么是成功”的定义有了多元化的认知。一些人不再喜欢所谓的、体面的高薪工作，不再认为只有在大公司里晋升到高高的位置、拿着高薪才是事业成功的标志。这个群体开始追求能改变社会的目标。于是，一种新的重新定义自我的需求诞生了：通过创业证明自己的存在价值。

总之，离开社会环境，就很难理解消费者为什么会有这样的需求。但是，正如鱼儿在水中游而忽视了水的存在一样，不管是营销从业者还是消费者，往往不能及时地体察社会环境的变化，直到和新环境发生了摩擦才有所察觉。

链接：中国正处于第几消费社会？

日本作家三浦展写的《第四消费时代》虽然是针对日本国民的消费状况变化，但是，对中国人而言，其中的一些社会环境特征、消费心理是那么似曾相识或是当下正在经历的呀！

① 资料参考：迈克尔 R. 所罗门，《消费者行为学》，中国人民大学出版社。

《第四消费时代》一书将日本的消费社会分为四个阶段。

第一消费社会(1921—1941年)：仅在东京、大阪等大城市发展。第一消费社会正是伴随着人口不断向城市地区集中而发展起来的。

第二消费社会（1945—1974年）：第二次世界大战后的日本痛定思痛，埋头发展经济。社会经济迅猛发展，人们的物质生活蒸蒸日上，带来的结果是人们喜欢大量消费。此外，第二次世界大战后的“婴儿潮一代”与现在不同，大多数女性在25岁前结婚生子，男性也大多在30岁前有了两个孩子。这一代人的人口基数大，年龄相仿，行为方式类同，在企业看来，再也没有如此高效的消费者了。他们的普遍需求就是：东西越大越好。他们不要求产品多么有个性，只要千篇一律的“大”就可以了。人们统一追求着大房子、大型车辆，并进行大量消费。第二消费社会折射了日本人对当时美国式生活方式的憧憬。

第三消费社会（1975—2004年）：在1973年石油危机的影响下，第二消费社会戛然而止，随后进入第三消费社会。到了第三消费社会，对于在第二消费社会是理所当然的整齐划一的消费活动，人们的不协调感与日俱增，越来越多的人开始考虑是否应该进行更具有个性的消费。此外，家庭主妇开始外出工作。例如，干临时工的结果就是越来越依赖速食食品、熟食以及外卖等，这促使了家庭成员单独用餐。从这种意义上说，以家庭为单位的消费开始逐步向个人化的方向发展。“个人化”指的是：每个人的个性消费需求增强，现在我们常说的“个性消费”到了日本的第二消费社会都尚未出现，从第三消费社会才开始崭露头角。

第四消费社会（2005—2034 年）：为了追求“差异化”的个性消费，人们陷入了“更高级”“更时尚”“更高档”的上升指向、自我扩张的生活。当被这样的生活弄得疲惫不堪、“噩梦”惊醒后，人们发现：成就独一无二自我的其实是自己本身，而自身这个容器最好是无色透明的。于是，人们开始追求一种简约的、温和的、环境友好的生活方式。此外，更多的人希望通过消费来建立更互动的、人与人之间的关系。

按照三浦展对消费社会的划分，目前，中国正处于第几消费社会呢？虽然中国地域辽阔，区域差异性较大，往往不同地区因为社会环境的不同，处于不同的消费社会。但是，总体而言，目前，中国仍以“第三消费社会”为主，即以“物”为中心的消费，具体表现如追求名牌等。然而，第四消费社会的到来趋势也开始显现，例如，联合办公空间的兴起，越来越多的人喜欢无印良品等“没有品牌烙印的品牌”。[①]

价值观

价值观就如同安装在内心里的发动机，驱动着消费者的大多数需求。虽然价值观很重要，却很难去研究，因为它过于内化和抽象。尽管如此，我们还是要了解关于价值观的基本常识。

什么是价值观？

价值观就是从文化根源的层面去理解人们相信什，不相信什么。也就是说：我们确定了某种信念，就会排斥它的对立面。理解价值

① 资料参考：三浦展，《第四消费时代》，东方出版社。

观要注意以下几点。

第一，价值观强调文化根源的对立面。

价值观秉承的相信与不相信对象是文化根源，不是表象原因。例如，两个都是素食主义者的人认为：吃素是好事。但是究其文化根源，第一个人认为：吃素是为了身体健康；第二个人认为：吃素可以减少对动物的猎杀。如果你将这两类人列为一类人，可能就会发生以下尴尬场面：第一个人是猎人，第二个人是动物保护主义者。

第二，每个文化体系里都有自己的核心价值观。

每一种文化都有一套向其成员传递的核心价值观，这套核心价值观定义了一种文化。例如，一项研究发现，韩国消费者乐于接受表现家庭美满、集体目标及和他人和谐相处的广告，但北美人则更加喜欢体现自立、自我提升及实现个人目标的广告信息。另外，在许多情况下，价值观是普世性的。谁不希望健康、智慧或世界和平呢？文化的差异表现在：对这些普世价值观相对重要性的排序上。①

第三，除了核心价值观，价值观还有很多种。例如，面对某类产品，是希望它使用简单、耐用？还是更看重它的颜值？

案例：比起用手洗碗，洗碗机的除菌能力更强，但主妇们为什么不买它？

一些企业因把握不准不同国家的女性关于“清洁”背后的价值观，错误地预估了她们的需求，从而栽了跟头。

通用公司曾推出一款自动洗碗机，但家庭主妇们并不买账。于

① 资料参考：迈克尔 R. 所罗门，《消费者行为学》，中国人民大学出版社。

是，公司的营销策划专家寄希望于广告促销上。通过广告，轮番“轰炸”这款自动洗碗机的核心卖点：除菌能力。例如，在报纸、杂志、广播和电视上反复广而告之“用洗碗机比用手洗碗更卫生，因为可以用高温水来杀死细菌”。通用公司还在电视画面里放大细菌的丑恶形象，让消费者产生恐惧感，并在电视广告里示范表演了清洗因烘烤食品而被弄得一塌糊涂的盘子的过程。但是，家庭主妇们还是对洗碗机无动于衷。为什么呢？①

因为这和家庭主妇们的价值观“违和”了。她们认为，自动洗碗机这种全自动电器有损自己“勤劳能干的家庭主妇”形象，是华而不实的。

同样失败的例子也发生在联合利华身上。联合利华的Cif全效喷雾清洁剂在推向印度市场时，主打的卖点是：全效清洁——一种清洁剂适用于所有的物体表面，可以清洁厨房里所有的顽固油渍。但是，印度妇女是勤劳的“清洁工”，不是那种希望节省时间的人。她们很爱干净，每周平均花费21个小时做家务，而不是做饭，她们购买的清洁用品多过其他地方的妇女。例如，只有30%的印度家庭有洗碗机，因为许多妇女不相信机器可以把碗洗得像她们自己手洗的那样干净。那些有洗碗机的家庭也倾向于在把碗放进机器之前彻底冲洗一遍。

因此，对于“清洁”，印度妇女秉持的价值观是：只有不断反复地清洁，才能真正意义地清洁干净，而作为一个勤劳的家庭主妇，

① 资料参考：老三营销，《通用公司门前冷落》。

用“全效清洁”这种省时、省力的清洁产品就是在偷懒。换言之，她们不需要能节省自己时间的清洁产品。于是，联合利华把这款清洁剂的瓶身扩大了50%，广告则突出了产品的清洁力而不是方便性。[①]

以上两个例子向我们展示了一些家庭主妇的真正需求是什么。不仅仅是“清洗干净”，而是亲力亲为、用尽全力的清洗干净。

链接：怎么通过“阶梯法”找到价值观？

阶梯法（Laddering）假定，具体的产品属性可以逐渐抽象并最终与价值观相联系。每个人都有自己看重的价值观，产品可被视为达成这种价值观的手段。通过阶梯法，可揭示消费者在产品的具体属性与价值观之间建立的联系，消费者在引导下爬“阶梯”，这一“阶梯”连接的正是功能性的产品属性与消费者渴望的价值观。

例如，营销从业者可以向消费者提出一系列“为什么”的问题，来发现某个价值观。

版本一：

问：你为什么买红酒？

答：因为我想每晚睡觉前喝一杯红酒。

问：为什么睡觉前要喝一杯红酒？

答：因为它能促进我睡眠。

问：为什么你想促进睡眠？

① 资料参考：迈克尔 R. 所罗门，《消费者行为学》，中国人民大学出版社。

答：因为我入睡有点困难，这影响了我第二天的工作。

问：那你为什么选红酒，而不选药物治疗呢？

答：我不想吃药，因为这不健康。

所以，这个消费者的真实需求是：健康的、促进睡眠的方法。注意！这也告诉我们：他的真正需求不是红酒。也就是说：如果不喝红酒，闻一闻让人睡得香的精油香薰，他也许也会接受。

版本二：

问：你为什么买红酒？

答：因为我想学会品红酒。

问：你为什么想学品红酒？

答：因为我身边有品味的高雅的人都很懂红酒。

问：所以，你想变成有品味的高雅的人？

答：是的。

问：为什么？

答：虽然近年来，我赚了些钱，但发现“钱”并不能让我和真正的有钱人一样。我想通过学习品红酒这种有文化内涵的事，让自己看起来真的是“有钱人”，是有品位的，是与众不同的。

因此，这个消费者的真实需求是：要让自己看起来是个有品位的有钱人。换言之，他的价值观的对立面就是：不做只知道挥金如土、大吃大喝的有钱人。同理，如果抽雪茄能让他看起来不仅有经济资本更有文化资本，他也会去实践。

总之，消费者常常在他们或明显或潜藏的需求中揭示自己的价值观。那些努力实现的价值观影响他们做出各种消费决策。

抓住“社会环境＋价值观”变化带来的机遇

社会环境中的一种或多种变化很可能是具有破坏性的，这种变化导致了人们价值观的改变，从而需求也发生了改变。人们开始寻找能满足新需求的产品和品牌。营销从业者要时刻保持对用户需求变化的敏锐嗅觉，最好能预测用户需求。

案例：婴幼儿包装食品果蔬泥——为什么在中国卖得好?

如今，在国内，婴幼儿食品是一个潜力巨大的市场。那么，现代父母喜欢给自己的宝宝买什么样的食物呢？我们首先来分析在“婴幼儿食品”这个领域正在面对的“社会环境变化”。

近年来，有关国内各种食品安全的负面报道层出不穷。例如，用过期原材料做的食物、以次充好的食物、为了“新鲜”添加了大量防腐剂的食物等。食品安全问题已是很多中国人心中挥之不去的痛。面对这样的社会问题，中国的“80后”“90后”父母关注自己孩子吃到的食物，首先不是“好吃吗”，而是“安全吗”。最典型的问题是：有没有添加剂？如果有，是什么？

科技、物流的发展让电商平台日益成熟，“海淘”已越发容易。在各种“海淘”平台上，中国父母们有机会接触到来自欧美国家优质的婴幼儿食品。他们对此产生了浓厚的兴趣，并逐渐认为：这些婴幼儿食品的各项指标应该是他们挑选同类食品的标准。

如今，在中国的一二线城市，父母双方都要工作已是较普遍的现象，一些父母甚至各自有自己的事业。繁忙的工作让父母陪伴孩子的时间越来越少。于是，近年来流行一个描述陪伴孩子的词“Quality Time”（有质量的时间），即要陪孩子，就用心地陪，陪他们做最有意义的事。不少父母，特别是妈妈们不愿花费大量时间下厨房，他们更希望把有限的空余时间拿出来，和孩子一起去户外活动、参加早教班、旅行等。此外，“生不生二胎”已是大多数育龄夫妻逃不过的话题。如果生了二胎，这就更需要父母们尽量节省更多的时间，兼顾两个孩子的成长。

综合以上“社会环境”的三点变化，在婴幼儿喂养这个方面，如今，越来越多的中国父母秉承的价值观是：首先选择纯天然、无任何添加物的食品；挑选能为自己节省更多“做饭时间”，腾出更多精力陪伴孩子的食品。

于是，我们看到像来自英国的婴幼儿食品品牌 Little Freddie（小皮）面市短短 4 年时间，就受到了很多妈妈们的欢迎。小皮的产品包括：各种果蔬泥、谷物泥、肉泥等，品牌提倡：不做不必要的添加，希望让更多的中国宝宝品尝来自大自然的纯粹美味，带给他们更多安全、营养的“口粮”。这些泥状的包装食品大多是开袋即食品，小皮正是抓住了“社会环境 + 中国父母喂养价值观”变化带来的机遇而迅速成长，成为天猫辅食泥品类中全网销量第一的品牌。就在 5 年前，我们很难想象：一袋均价 20 多元的果蔬泥能走到中国家庭的餐桌上。

案例：无钢圈内衣为什么会流行？

创立于 2012 年的内外（NEIWAI）内衣现在已经是唯一和黛

安芬、维多利亚的秘密、华歌尔等国际大牌一起进入天猫文胸排名前十的国内新兴品牌了。内外刚创立时，主推的产品就是“无钢圈内衣”。那么，它的无钢圈内衣为什么会有市场且这个市场还越来越大呢？

首先来看看社会环境的变化。我们的社会越来越开放、包容。其中很重要的一点表现是：自媒体的蓬勃发展，让一些和传统思维很不一样的观点走进了人们的心中。例如，关于什么是美？一些个性时尚博主就认为：广大女性不要被男性或他人关于“美”的定义绑架。不是只有白皙的皮肤、水灵灵的大眼睛、大而挺的胸才是美的。我们对美的认识应该更多元化。真正的美是独特的、是自信的、是由内而外的。这样的观点在国内虽然还没有成气候，但已被越来越多的女性意识、接受。而这样的观点也影响了人们对内衣的选择。

内外创始人刘小璐看到了一些中国女性对待内衣的价值观变化：如今，越来越多的年轻女性开始讨厌“聚拢”“加厚海绵”内衣所定义的性感。她们希望拥有轻盈、舒适的内衣。悦己，而不是为了男人定义的“性感”而活。

此外，虽然内外刚创立，推出“无钢圈内衣”时，无钢圈内衣还只是内衣市场小众的细分品类。但是，在日本，无钢圈内衣的市场占有率早就高达40%，而优衣库在中国已经引入了无钢圈内衣进行市场教育。所以，内外在恰当的时机抓住了“社会环境+价值观”的变化，推出的无钢圈内衣，自然受到了广大女性的欢迎。

怎么判断你的洞察是否有效？

当你通过“人口统计特征 ×（社会环境变化 + 价值观）”洞察出了人们的需求，怎么判断洞察是有效的呢？三个维度：有效的洞察要么戳中人们的痛点，要么挠中人们的痒点，要么既戳痛点，又挠痒点。换言之，营销从业者最害怕的就是那种不痛不痒的洞察，这样的洞察当然也不是目标用户的真需求。

什么是痛点？

“痛点”就是大多数人急需要解决的那个问题。这些问题就是一个个商机。有好的解决方案，就能赢得用户。但是，“痛点”这个词说起来容易，找起来难。难道是那些让人感受到“痛”的点，都能称为“痛点”吗？到底什么才是痛点呢？

可以从以下四个角度切入。

角度 1：“痛点”不是痛彻心扉的“大痛”，是日常高频感知的“小痛”。

很多人下意识地认为，“痛点”就是“很痛的点”，即这个“点”越痛越好，痛得死去活来。真是这样吗？我们来看看经常能看到的“劝阻酒驾”的标语：“珍爱生命，拒绝酒驾”。也就是说：“你还敢酒驾？小心命都没了！”（见右图）这够狠

了吧？但是，还是有很多人不惜冒着生命危险酒驾。因为，人一生只会死一次。面对一生铁定只出现一次的现象，侥幸心理占了上风。所以，“珍爱生命”就不是“拒绝酒驾”的痛点。

那么，什么才是“拒绝酒驾”的痛点呢？是那些日常能高频感知的“小痛”。

例如，出现在高速公路上的这条标语“劝君驾车不要忙，免得娇妻守空房”。大多数长途汽车司机很期待跑完车，回到温暖的家，见到妻子。那么，万一酒驾出了事，妻子另嫁他人，怎么办？

角度 2：“痛点”不是解决锦上添花的问题，是解决刚需问题。

“锦上添花的痛点”是可有可无的，“刚需痛点”则是必须解决的。

例如，已退出市场的共享单车品牌小蓝单车（bluegogo）曾推出过一款智能共享单车——bluegogo pro 2（见下图）。这款单车最大的不同点是：单车的车把手中间装了一块屏幕。这个“智能中控”

就像是共享单车的“大脑”。除了为用户在骑行过程中提供精准导航外，还能将骑行过程中产生的速度、距离等数据实时体现在屏幕上。这个智能的“大脑”更是可以作为为用户提供吃喝玩乐的服务入口。

此外，这块屏幕也是一个精准营销的广告媒体平台，既吸收分众传媒的视频广告和平面广告的概念，又结合了今日头条个性化推荐这样的技术，为用户推荐精准信息。当然，为了避免交通事故，广告只会在骑行停止的时候播放。

这就是典型的“锦上添花的痛点”：骑车时太无聊了，要一边骑车，一边娱乐；或者担心自己找不到路，如果单车能自带导航功能，该多好；或者觉得自己太忙了，平时没时间看新闻，如果能在不用踩单车时，顺便看条新闻，也不错。但是，对大多数用户来说，共享单车要解决的“刚需痛点”是：在需要代步时，能随时随地找到一辆好骑的共享单车。

角度3：“痛点”不是“悲悯天下”，是“和我有关”。

我们来看一条有中国特色的“计划生育”标语：“生男生女都一样，不然儿子没对象”。你觉得这是“痛点”吗？不是。因为它强调的是一种“利他行为”。如果我不生女儿，他也不生女儿，大家都不生女儿，那么，将来儿子到哪里找老婆？但是，为什么因为别人的儿子娶不到老婆，我就要生女儿呢？

那么，要劝这些人觉得“生男生女都一样”，你应该找什么痛点呢？来看这条农村刷墙标语“生男生女都一样，女儿更孝爹和娘”

（见下图）。这不就恰恰戳中了农村人的传统观念：养儿防老吗？如今，养儿子不一定能防老哦。女儿更孝顺爹和娘。因此，“痛点”要和“我”有很强的因果关系。

角度4：“痛点”不是一个人的“痛点”，“大家痛”才是真的痛。

例如，某天，笔者到深圳有名的创业公司聚集地拜访朋友。在这个片区，各种围绕“创业者”的孵化器、服务机构、咖啡馆等应接不暇。到了中午吃饭时间，和朋友商量去哪里吃饭。结果发现：这个片区，普通的家常菜馆屈指可数，大多数餐馆都是打着“创业”的名头推出简餐。朋友开玩笑地说：“这片区域，吃个饭都恨不能谈出一种商业模式，融资个几千万的。”

于是，笔者头脑发热，大呼：我要来这里开一家正常的餐馆，名字就叫“好好吃饭”！意思是：创业者们别整天想着商业模式、融资这些事，坐下来休息休息，好好吃顿饭吧。

结果，朋友的话给笔者泼了一盆凉水：在这里工作的大多数是创业者，视时间如金钱、生命。对他们来说，吃饭是小事，是附带的。走进这个片区，心里就只有“怎么创业？”想好好吃顿饭，谁在这里吃啊。

听了朋友的话，笔者恍然大悟，如果真的开了家“好好吃饭”餐馆，在这个片区就是“冒天下之大不韪”啊！笔者这是把自己当下的痛点当成了在这个片区里工作的人的痛点。

什么是痒点？

如果说“痛点”着眼于“解决问题”，那么“痒点”就是要让人们对没有实现的某种未来产生一种向往感。需要注意的是，“痒点”制造的向往感不是遥远的、可望不可及的，而是通过自己努力很可能会实现的。

例如，“小红书”APP上不少描述某个产品的文案，就是在制造一种你买了后，也许就能让皮肤重获新生的向往感，如下图所示。

日本·黑头毛孔星人救星
新草 COSME DECORTE黛珂 白泥洗面奶 160ml
¥229 ¥319
AK MALL
限时特价 立减20

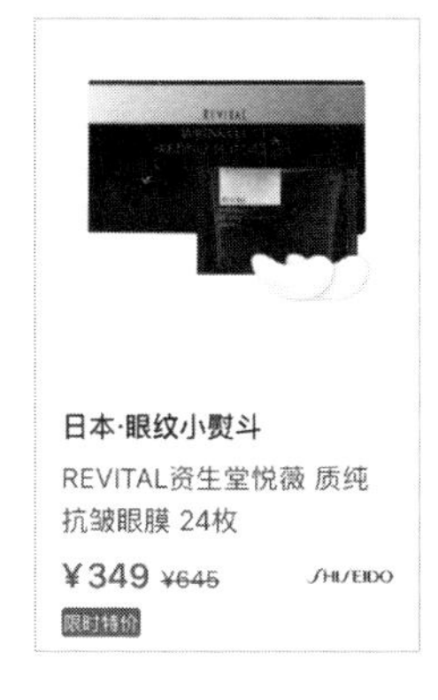

REVITAL
日本·眼纹小熨斗
REVITAL资生堂悦薇 质纯抗皱眼膜 24枚
¥349 ¥645
SHISEIDO
限时特价

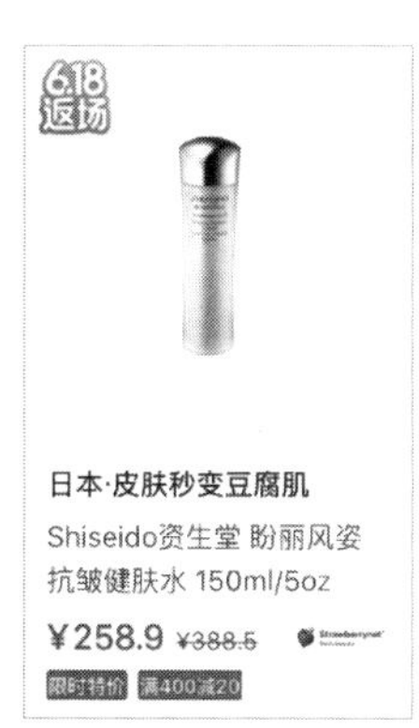

6.18 返场
日本·皮肤秒变豆腐肌
Shiseido资生堂 盼丽风姿抗皱健肤水 150ml/5oz
¥258.9 ¥388.5
限时特价 满400减20

再来看电商平台中每日生鲜描述水果的一组文案（见下图）。看完后，你是不是有种想立即下单的冲动呢？

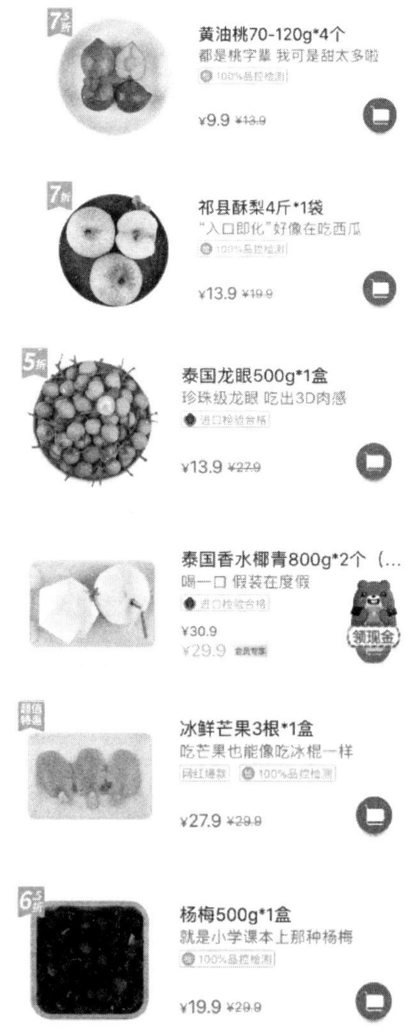

案例：这个 APP 为什么让你想运动?

Keep 是一款具有社交属性的健身工具类 APP。用户可以利用碎片时间，随时随地选择适合自己的健身课程进行真人同步训练。如今，Keep 已有上亿用户。那么，人们为什么愿意选择一款健身 APP 来锻炼身体呢？因为 Keep 一直在传达一种“自律给我自由”的生活态度。Keep 认为：“哪有什么天生如此，只是我们天天坚持。”

Keep 平台上的健身课程命名，抛弃了传统健身房的课程命名思维。传统健身房课程命名是围绕课程本身的，例如，健美操、踏板操、街舞、有氧操等。但是，Keep 平台上的健身课程命名紧扣“能帮用户实现什么”，例如“马甲线训练营”“瘦腿训练课”“防止驼背的瑜伽”“零基础徒手减脂”等。用户看了课程名称会蠢蠢欲动，想立即参加训练。他们看到了在“自律”生活态度下的那个触手可及的、令人向往的“理想自我”。

怎么获得洞察?

获得消费者洞察的方法有很多种。消费者行为学、心理学、社会学等学科发展了一些方法，例如，投射法、田野调研等。研究消费者洞察的专业机构，如市场调研公司等，通常会通过定量/定性调研、心理实验等专业方法获得消费者洞察。但是，这些传统的调研方法正受到挑战。因为消费者内心变得越来越复杂，开发洞察消费者需求的新方法、新工具变得愈发重要。

链接：定量 / 定性调研的弊端

定量调查研究可以得出很多人的，但是很少量的信息。如一些研究者所观察的："营销经理希望了解人们为什么购买竞争对手的玉米片。定量调研结果显示：'32% 的受访者说是因为口味，21% 的人说是因为香料，15% 的人说是因为质量，10% 的人说是因为价格，还有 22% 的人说不知道为什么或不为什么'。"但是，口味、质量为什么好？这 47% 不知道为什么会选择竞品的人，是真的不知道原因吗？

定性调研则以深入的一对一或焦点小组访谈等形式，得出大量的，但是有关少数人的信息。这些信息通常具有特殊性且可能不太可信。

不管是定量调研还是定性调研，受访者在回答相关问题时，都存在以下"误答风险"：

- 反应偏见（response bias）。例如，受访者不管问题是什么，都倾向于回答"是"。另外，为了取悦调研人员，受访者通常热衷于扮演"好人"，他们会尽量给出他们认为调研人员所期待的回答。
- 记忆失误。比较典型的记忆失误有：遗漏（忽略事实）、平均化（使记忆趋向"标准化"而不报告极端情况）等。例如，问及人们在进餐时所吃的各种食物的分量：少量、中等还是大量。不管对"中等"怎么定义，大约同样数量的人都会声称他们一般吃的是“中等”分量的食物。

- 真实幻想效应。当一个假抱怨被重复了很多次，人们就会认为是真的了。因为被测试者没有保留对情境的记忆。
- 回忆不一定能转化为偏好。我们也许会回忆起广告中宣扬的产品优点，但是并不相信这些优点是存在的。或者，一则广告之所以令人难以忘记，是因为它太讨厌了。[①]

洞察：功夫在诗外

每个营销从业者都要刻意训练自己的洞察能力，找到用户需求。要注意以下三点。

保持洞察意识

没有“洞察意识”，学习再多的方法论，都是没有意义的。正如《颠覆性思维》中提及的“是否具有深刻的洞察力与天赋无关，关键在于意识。意识的关键在于，关注你周边的文化、社会结构以及明确你的创想所服务的对象。”

构筑知识体系

从“洞察需求 = 人口统计特征 ×（社会环境变化 + 价值观）”的公式里，你应该能感受到：要想练就精准狠的消费者洞察能力，就要涉猎多种多样的学科。这里可以参考“消费者行为学金字塔”[②]

① 资料参考：迈克尔 R. 所罗门，《消费者行为学》，中国人民大学出版社。

② 同上。

来构筑自己的知识体系。这些不同的学科可以分为微观的和宏观的。如下图所示，接近金字塔顶端的学科更多地关注作为个体的消费者及其人口统计特征、价值观等（微观问题）；靠近金字塔底部的学科则对发生在较大人群中的集体行为更感兴趣，如一种文化或亚文化中成员共有的消费模式（宏观问题）。

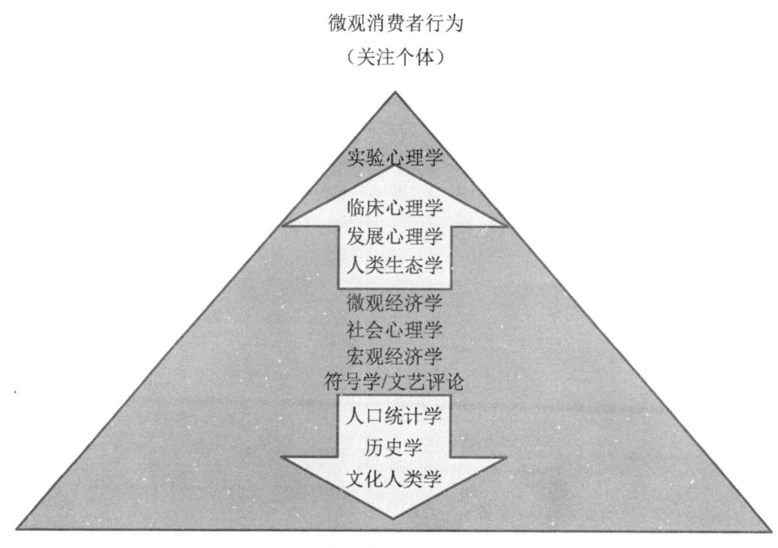

摆脱思维定式

想要获得消费者洞察，一方面要有一定的生活阅历。生活阅历能磨炼我们的同理心、移情的能力。当经历得越多，越能体会别人的生活状态、内心世界，这就是感同身受。但是，又不能被生活阅历磨灭了对事物的好奇心，认为周围熟悉的事物都是理所当然的，有什么值得思考、探索的。例如，大多数人在大多数时间都生活在自己熟悉的环境里。因此对周遭的一切已视而不见，甚至麻木得无动于衷。“洞察”需要我们看到别人看不到的“新事实”，这些“新事实”就是消费者的真实需求。

现在，你能明白第1章说的：精准内容之所以能带来精准流量，前提是精准内容来自于有效的洞察，找到了用户需求。没有洞察，精准内容就是无源之水、无本之木。这一章告诉大家的是关于洞察的基本常识以及通过洞察寻找需求的具体方法。但是，要练就“洞察”的真本事，还要靠一次次的训练和实战演练。

在接下来的6章里将介绍：怎么带着通过洞察找到的用户需求，在品牌、产品、传播等各种实际工作中落实“精准内容”的方法论体系。

第3章

精准内容：怎么打造“内容型产品”？（上篇）

在精准内容的方法论体系里，企业要做的第一步不是急不可耐地传播产品、品牌，而是要思考：在产品上市前，在满足消费者需求的产品功能、设计上种下精准内容的种子，让产品成为自带话题、能吸引精准流量的“内容型产品”。“内容型产品”要解决的核心问题就是：确保产品上市后在相关传播渠道（如抖音、小红书、B站等）的内容展示能力。这也是“产品即内容、内容即营销”的体现。

那么，怎么打造“内容型产品”呢？也就是说，怎么在产品上市前，让产品负责人根据用户需求有意识地在产品上布局可产生精准内容的引爆点呢？要做到这一点，记住三个策略关键词：反向落差、品类串通、决策标准，如下图。

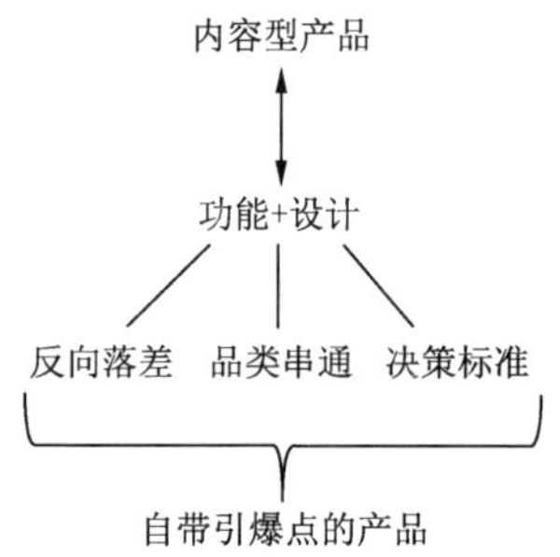

反向落差

对于某些需求，人们往往认为只能用这样的产品（或服务）满足，除此之外，还有什么不一样的、更好的选择吗？当然有！产品经理要通过制造“反向落差”的方式，超预期地满足人们的需求，带来“原来还可以这样”的惊喜，以此打造内容型产品，如下图。

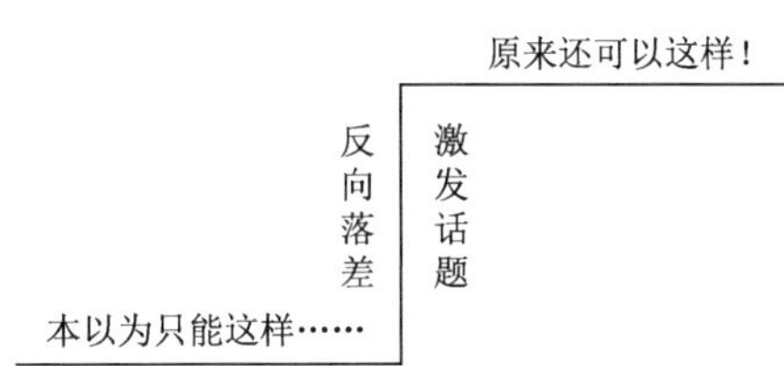

案例：你买 3000 多元的吹风机，到底图什么？

近年来，英国品牌戴森的吹风机、卷发棒等产品成了中国市场上的网红爆品。这些产品以贵闻名，例如，一台戴森吹风机要卖 3000 元左右（见下图）。即使这么贵，也阻挡不了人们对它的向往。“不降价也要买”“卖疯了”“断货了”这些让无数商家垂涎三尺的销售业绩，在戴森吹风机上屡次出现。

那么，戴森凭什么让你心甘情愿地掏 3000 多元钱来买它的吹风机，买了之后还忍不住想在朋友圈晒图呢？它到底满足了你的什么需求？

试想：在戴森吹风机没有面市之前，我们是不是几乎不会对吹风机的颜值有什么过高的要求？我们理所当然地认为：吹风机不就

只能长成那样吗？还能怎么变美？此外，我们也一直默认："快速吹干头发"和"不伤害头发"这两者是鱼和熊掌不可兼得的。我们默默地忍受着：要么慢悠悠地花较长时间吹干头发；要么用热得烫头皮的大风迅速吹干头发。

但是，戴森吹风机偏要制造"反向落差"，满足消费者内心深处那个没有爆发的需求。

首先从吹风机的外观设计入手。毋庸置疑，戴森吹风机给人们的第一印象大多是：颜值高！它颠覆了人们对吹风机这类产品原有的刻板印象（这就是"反向落差"）。网友大量的评论也都在表达自己对戴森吹风机外表的一见倾心。它圆润的造型、精致的金属感色彩、时尚科幻感是网友们对其高频的溢美之词。根据小红书上戴森吹风机的上千篇产品笔记关键词统计，人们购买3000多元的戴森吹风机，看重的已经不仅仅是使用功能，而是高颜值、酷炫设计，以及高大上体验带来的生活幸福（见下图）。①

① 资料参考：品途商业评论，《外资品牌屡折戟？看戴森五年如何攻占中国市场》。

但是，有意思的是：戴森在自我宣传时很少提及它的“设计”。从官网海报到各种视频，看到的大多是戴森对产品技术的宣传。戴森创始人表示：“设计并不是第一步的，技术才是，一切从技术出发。”

那么，戴森一再强调的技术到底有多“高科技”呢？

以吹风机为例，戴森宣称：“这款吹风机历经4年研发时间，整体研发费用将近5000万英镑，103位工程师共设计超600款原型机，是一款诚意之作。”在产业观察家洪仕斌看来，这种说辞主要目的是烘托企业情怀。戴森吹风机和它的无叶风扇、电暖气等产品原理基本相同，主要在于以隐秘式电机替代可见风叶，属于原有技术的拓展延伸。某品牌技术负责人告诉中国家电网：“最原始的吹风机进风口在机身两侧，这样吹风时容易卷入头发。之后，进风口移到了机身后部，也就是目前市场上大多数的吹风机形态。而戴森的创意是将进风口移到手柄上，再一次改变了吹风机的外在形态。但吹风机的实质还是在于热和风。”①

是的，戴森并没有创造出一个前所未有的产品。吹风机、吸尘器等早就存在了，它只是用自己或别人研发的专利技术，解决了用户在使用这些产品时一直存在的、一忍再忍的、没有企业帮他们解决的痛点需求。用戴森创始人的话来说：“我们解决别人所忽视的东西。”例如，怎么快速吹干头发的同时又不伤害头发？所以，戴森能把研制航天飞机的功力用在吹头发这件小事上。（这就是“反向落差”。）

综合以上分析，戴森吹风机等产品通过制造“反向落差”，自带能引起话题的精准内容主要有两点。

① 资料参考：中国家电网，《戴森的中产标签：身份标志更重于实际价值》。

网友们讨论的“高颜值”。

关于晒戴森吹风机高颜值的帖子、文章，各大社交媒体已有太多。这里，我们思考一个问题：哪些人会买3000多元的戴森吹风机？也就是说：制造反向落差的戴森——这个“内容型产品”要吸引的精准流量是谁？仅仅是中产阶级吗？

其实，还有那些可能买不起几百万豪宅，但是可以买得起豪宅里高档家居用品的人。这些人认为：房子是租来的，但生活不是租来的。日子不能“凑合着过就好”。不管是哪类人，他们或多或少都想通过晒设计、价格都亮眼的戴森吹风机，证明自己的生活品位。这是他们对精致生活的需求。这也可以解释：一些用户吐槽高价的戴森产品不等于高质，不是物有所值，但是，为什么还有那么多人想买“戴森”了。

官方打出的“科技牌”。

注意！戴森最神奇的地方在于：它不停地通过各种内容形式，制造一个个和“科技”有关的话题，讲述一个个科技故事。例如，技术揭秘直播，在知乎上投放技术帖，和自媒体合作“技术科普”软文、线下举办“技术快闪店”等。这些科技话题及其内容充满了专业术语，恐怕没有几个非科班人士看得懂。但是，一些人又像信徒一样地去关注这些“看不懂的科技故事”。

在上海港汇恒隆广场，戴森搭建了全球首例全异形“吸尘器博物馆”，将传说中的黑科技一一解密。[①]

① 资料参考：socase，《Dyson吸尘器博物馆：一场黑科技的沉浸式体验》。

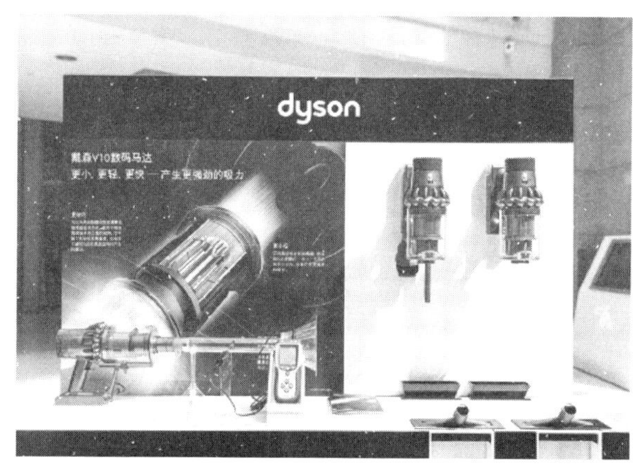

其实，这些话题内容，你看懂或者没看懂，都不重要。这些传播出去的科技话题只是让你认为：戴森的各种产品功能就是要比其他品牌的好，戴森的科技实力就是行业门槛。而这一切的前提是：戴森已经通过解决你忍受了太多年的被忽略的痛点需求，让你感受到它提倡的一种不将就的生活方式。你已经从生活方式的层面认定了这个品牌。

案例：喝速溶咖啡也能体现你有品位?

速溶咖啡市场一直是雀巢等大品牌的天下。但是，2019年“双11”期间，三顿半这个速溶咖啡品牌“一战成名”：在天猫“双11”预售首日，第一个1小时的预售成交就破百万元。“双11”当天，三顿半天猫旗舰店成交额更是超过2018年全年，一举超越雀巢，成为天猫咖啡品类全球品牌第一名，也是首个登顶咖啡榜首的国货品牌。

三顿半是个典型的通过制造反向落差而成就的品牌。它在速溶咖啡品类里形成了一个细分品类——精品速溶咖啡。虽然品类更加细分化，但咖啡的使用场景却扩大了！这个添加了“精品”前缀的速溶咖啡横跨家庭、办公场所、出差、健身等多种场景，可以说包揽传统速溶咖啡和咖啡店售卖现磨咖啡等多元化的使用场景。

那么，三顿半是怎么通过制造反向落差打造内容型产品，抢占用户的“咖啡生活方式心智”的呢?

先来看看三顿半产品的口味。传统速溶咖啡给人的印象是：没时间或不方便去咖啡馆买现磨咖啡，或者没有太多钱总是消费30多元甚至更贵的现磨咖啡，就喝一杯“二合一”或“三合一”速溶咖啡吧。尽管近年来速溶咖啡的口味不再单一，出现了多种风味，但“含糖量高”“品质一般”等标签始终伴随其中。

三顿半在速溶咖啡前加了“精品”二字，它是怎么做到“精品”

的呢？据三顿半 CEO 吴骏透露，这背后的技术叫“无损风味萃炼系统”。这个系统在原有的速溶咖啡系统上经过更精细化和更智能化的调整，采用冷萃手法提取咖啡粉，使产品风味更接近于现磨咖啡，同时拥有超级速溶能力，三秒即溶，可溶于冷水，还原度更高，可以更好地保留咖啡的口感。

此外，三顿半精品速溶咖啡配方里只有咖啡粉，没有蔗糖、植脂末及香精等成分，比传统速溶咖啡更健康。

2018 年，三顿半入驻天猫后，通过天猫平台提供的咖啡消费趋势、消费者画像、产品反馈等数据，将原有的三款速溶咖啡，根据烘焙深浅程度扩展为 1 ～ 6 号超即溶咖啡，之后又加入了咖啡师联名系列“0 号”，以及无咖啡因系列“7 号”。不同型号的咖啡满足了消费者个性化的需求。

再来看看三顿半让人一见倾心的包装。三顿半精品速溶咖啡也被称为“小罐装”。一次使用一小罐，一小罐的价格在 6 ～ 8 元，如下图（图片来源：@ 三顿半官方微博）。

很多用户在喝完这些高颜值小罐里的咖啡时不舍得扔。于是，三顿半顺势制订了“返航计划”——联合国内 80% 用户所在城市的咖啡店作为返航点，用户可提前在微信小程序预约返航点、返航空罐数量，及希望兑换的周边产品。兑换当日，随时到选定的咖啡馆等返航点，凭预约码进行操作。例如，10 个空罐可以兑换徽章、贴纸、胶带等周边的小合集包，15 个空罐换手机壳等。三顿半表示，回收的这些空罐不会用于二次罐装，回收之后会做成其他周边产品。

这个“返航计划”可以说是一举多得。通过“返航计划”小程序，三顿半可以搜集已购买用户的信息（为之后搭建私域流量打下良好的引流基础），并和这些用户形成一定的情感黏性（消费品的竞争门槛通常较低。三顿半的“小罐包装”也极易模仿，靠什么长久地连接目标用户呢？“返航计划”是个能产生用户共鸣的策

略）。此外，三顿半的SKU（Stock Keeping Unit，库存量单位）较少。通过打造内容型周边产品（关于打造内容型周边产品详见第3章），开展跨界营销活动，可进一步丰富SKU，吸引用户的注意力。

三顿半的这个内容型产品里埋下的引爆点有：高颜值包装（由此引出“返航计划”）、堪比现磨咖啡的味道。这些引爆点引发了用户竞相晒单，准确地说是晒自己的品位。退一步想想：当你的产品是内容型产品时，在找KOL合作时，是不是也更有话语权呢?

案例：你为什么想去“网红照相馆”拍证件照?

这几年，各种“网红照相馆”竞相出现。它们的最大特色是：把平时在照相馆里拍的普通证件照（例如，身份证照、护照照片、结婚照等）拍得就像“网红照”。看着证件照里的那个“我”，人们不禁感慨：原来，证件照也可以拍得不那么严肃、刻板；原来，在证件照的世界里，“我”也可以当个网红了。

是的，“网红照相馆”就是通过制造“反向落差”的方式，将人们习以为常、觉得也许本来就该如此的“证件照”高端化了，从而敢于收取远高于拍普通证件照的费用，让你花费100多元，甚至更高的价格，看到那个“网红的自己”。

那么，“网红照相馆”是怎么做到这一切的呢？它和普通照相馆到底有什么不同？这里的“秘诀”就是：打造“标准化产品”！

“标准化”体现在：一致的审美标准。“网红照相馆”根据当下中国人对“美”的普遍定义，规定了什么是“美”。并按照这个标准，设计了为数不多的几种产品：证件照、职业照等。然后将这些产品的拍摄、修图等要点变成套路，灌输给化妆师、摄影师、修图师。

例如，拍照时，摄影师对各种摆姿势的套路轻车熟路，甚至知道你的眼睛要看到哪个位置才能拍出最佳效果。因为他们每天就只拍这几种产品。所以，“摄影师”这个传统照相行业里的核心竞争力就不那么重要了。也就是说：网红照相馆不需要花费大量的时间和高薪去寻找、聘请传统照相馆行业里的灵魂人物：摄影师。

也正是因为产品“标准化”了，才能形成“流水线作业”。从化妆、照相到修图，整个流程无缝对接。我曾体验过一次“网红照相馆”的拍照服务。当我照完相，走进修图室时，当时我就震惊了！修图室大概六七个人，坐成两排，拿着设计师专用的画板和笔，熟练地点着照片人物里脸上的皱纹等各种瑕疵。那种感觉，就像到了生产车间，工人们正在排查一个又一个不合格的产品。

但是，你为什么没那么轻易感受到“网红照相馆”拍出来的自己其实是“标准化产品”呢？因为“网红照相馆”通过制造“反向落差”，将产品演变成“内容型产品”了。例如，他们不会把“职业照”命名为“职业照”，而会叫“追梦照”等。这样，你就会感到：你拍的不是一般意义的证件照。你将通过这个“证件照”，找到心仪的工作，甚至走向人生的事业巅峰。

所以，“网红照相馆”的各种证件照、主题照等自带的能引起话题的精准内容是：

看我！拍个证件照都能这么美。这都不晒，还晒什么？

看看照片上的我，那就是将来事业成功的我，抑或即将步入幸福婚姻殿堂的我，抑或各种美好的我呀……

品类串通

什么是通过“品类串通”的方式打造“内容型产品”？我们知道：消费者并不是在真空状态下处理产品信息的。例如，他们会通过“划分品类”的方式来理解一个产品传达的内容。也就是说：产品所在的类别决定了能和它相比较的其他产品。因此，“分类”是决定人们如何评价产品的至关重要的因素。在面对一种新产品时，消费者会借助对熟悉的产品类别已有的知识来形成新的认知。[①]

产品的分类决定了产品的定位。但是，营销从业者也不能刻板、僵化地分类产品。适当地“串通”产品所属的品类，通过品类的融合，改变产品的功能、设计，从不同的角度解决人们的需求，从而打造自带引爆点的“内容型产品”。

接下来看两个案例。

案例：号称能减肥的“神纤水”真的是“水”吗？

可口可乐旗下的纯悦品牌推出了“神纤水”。为什么叫“神纤水”呢？因为可口可乐在这款产品里添加了膳食纤维。这里的“膳食纤

① 资料参考：迈克尔 R. 所罗门，《消费者行为学》，中国人民大学出版社。

维”就是来自一种叫“抗性糊精”的成分。抗性糊精是以食用淀粉为原料，通过加热和酶处理的一种膳食纤维，略有甜味，水溶性好。这种水溶性膳食纤维有助于人体肠内大肠杆菌合成多种维生素，产生饱腹感。正因如此，在推广这款“神纤水”时，可口可乐邀请了知名时尚博主黎贝卡等，主打的卖点就是：这是一款有助于减肥的“神纤水”。

那么，“神纤水”是不是真的和它的名字一样，只是一瓶添加了膳食纤维的、有助于减肥的“水”呢？据每日食品网等业界网站发布的新闻稿显示：可口可乐把这款“神纤水”定义成了风味饮料！也就是说，“神纤水”虽然将自己称呼为“水”，但它已不像水那么纯净了，它的真实品类划分还是“饮料”。只不过，它通过“品类串通”的方式，结合了“水”“饮料”“减肥保健品”三大品类的特性，最后在消费者心目中把自己“定位”成了让他们感觉能减肥的健康“水”，以此制造话题。①

可口可乐纯悦“神纤水”的话题分析如下图所示。

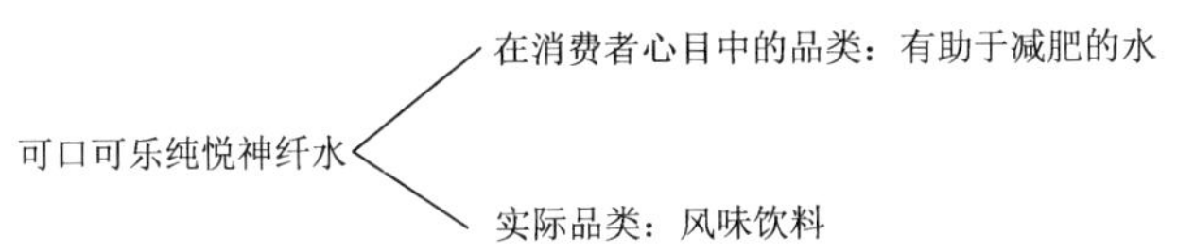

和“饮料”相比，“神纤水”主打零糖、零能量的概念，功能卖点是更健康。和“水”相比，它更有味道，神纤水有原味和青柠

① 资料参考：食品商，《可口可乐推“纯悦神纤水”风味饮料新品，主打膳食纤维！》。

黄瓜两种口味。和“减肥保健品”相比，“神纤水”又没有它们那么贵。一瓶规格为480ml的“神纤水”，零售价约为5元。此外，“神纤水”的瓶身设计也不会像减肥保健品的包装，给人一种压抑感或紧迫感，让人觉得吃减肥保健品是胖子的“专利”。“神纤水”选用了更加圆润顺滑的瓶型，凸显别致纤细，且以紫色为主色调，整体风格高贵典雅，营造了“水中女神”的感觉，呼应了“神纤水”名字的由来。

下图展示了“神纤水”的新包装，有网友评论：“更文艺范儿。”

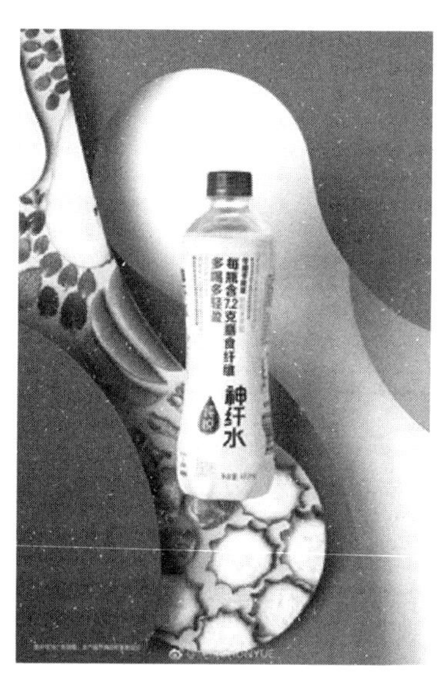

所以，你看：这款“神纤水”到底是水？是饮料？还是减肥保健品呢？当你了解了“真相”后，你很难说清楚。但是，产品通过在不同品类间的“串通”，让你感受到了它是一瓶“水”，这瓶水能满足你想减肥的需求。于是，这个“内容型产品”自带的话题产生了。

网友们自发地晒“神纤水”，话题大多和减肥、保持身体轻盈、健身有关，见下图。

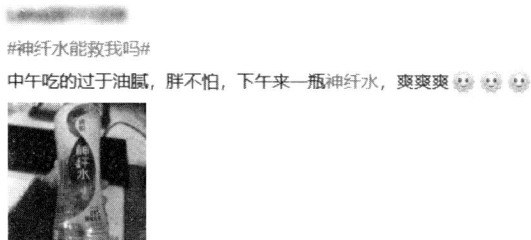

#神纤水能救我吗#

中午吃的过于油腻，胖不怕，下午来一瓶神纤水，爽爽爽

针对“神纤水”，可口可乐也顺势推出了“4321 我要纤”的减肥话题。即每天喝 4 瓶“神纤水”；保持 3 天餐前餐后坚持饮用；再来两个小动作扭一扭、甩一甩；最后一起纤起来，做个纤细女孩，见下图。

保持健康保持瘦，每个人都有自己的状态，而我很容易陷入奇怪的定律。一旦回到家进入做作业模式，瞬间就会秒变压力肥状态。上月开始没有外出，坚持喝#纯悦神纤水#，状态的改变非常明显。我不怎么爱动，也不刻意少吃，每餐前后喝上一瓶，一天4瓶，#4321我要纤#，身型和体态的变化都很明显。

我个人很 展开全文

2018年10月12日 13:30 来自 微博 weibo.com

收藏　转发 499　评论 307　1715

案例：这是钢笔，还是礼物？

近年来，起价300多元一支、来自德国的Lamy（Lamy的中文名是凌美）钢笔在中国市场越来越受到人们，特别是年轻群体的追捧。为什么这么多人会如此迷恋一支高价位的钢笔呢？难道Lamy钢笔真的比其他钢笔更“下笔如有神”吗？

虽然德国制造的Lamy钢笔品质可圈可点，但是现在人们很少用笔写字，大多是“键盘侠”，那么为什么还会有人买Lamy钢笔呢？仅仅只是为了写字吗？当然不是。因为在很多消费者心目中，Lamy钢笔除了是钢笔，还是礼物：不管是送给别人的礼物，还是犒劳自己的礼物。它解决了人们想送独特又有品质、价格又不能太贵的礼物的需求。你看，作为礼物的Lamy钢笔，300元起的价位，是不是可以欣然接受呢？

Lamy钢笔的话题分析如下图所示。

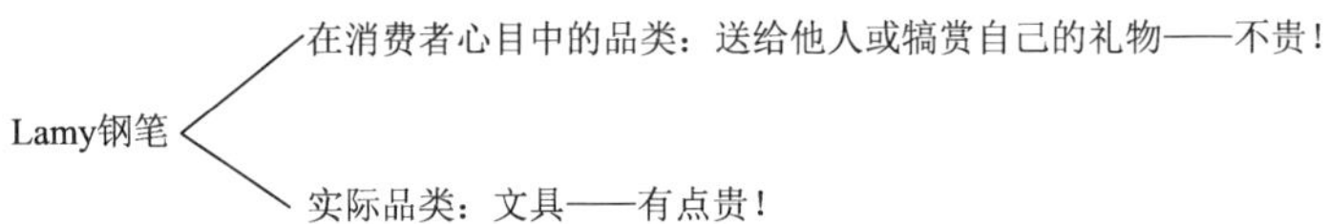

作为礼物的Lamy钢笔当然和只是“钢笔”的钢笔有所不同。这点突出地体现在Lamy钢笔的设计上：简约经典，颜色也紧跟潮流，非常正。例如，Lamy钢笔的狩猎系列由常规款和限量款组成。限量款会根据每年的流行色精心打造，一旦卖完，不会继续生产，极具收藏价值。例如Lamy推出的限量版马卡龙系列，分为三个颜色：马卡龙蓝、薄荷绿、玫瑰粉。

此外，Lamy还和一些经典的IP推出了联名款钢笔（见下图）。例如，和“精灵宝可梦”联名推出了仅在中国地区限定发售的“宝可梦主题钢笔礼盒”。

不管是限量版、联名款，还是纪念款等，作为礼物，这样的Lamy钢笔显得独特又珍贵。围绕Lamy钢笔这个“内容型产品”，网友们喜欢晒的话题有如下几个。

让人欲罢不能的颜值（见下图）。

一份珍贵的礼物（见下图）。

准备送自己个六一礼物🎁颜色都好看😜纠结😭#LAMY凌美#

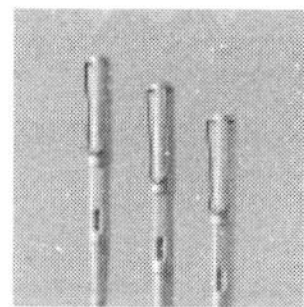

今天07:34 来自 小蝎子的iPhone XS Max(金色)

除了外表让人一见钟情，Lamy 钢笔的墨水瓶也是可圈可点，充分体现了之前介绍的：通过制造“反向落差”，打造“内容型产品”。

Lamy 钢笔的墨水瓶的瓶底是一小卷纸，在给钢笔灌满墨水后，不用四处找纸巾擦掉笔头的墨水。墨水瓶的底部是小圆球状。这样，墨水快用完时，不必倾斜瓶子，也能把最后一滴墨水吸干净，如下图所示。

Lamy 钢笔的纸袋子设计得也非常讲究。白色的纸袋子上就只有产品名称和“Design Made in Germany”的字样。此外，纸袋子的提手呈交叉状（见下图）。不仅方便提，也让里面的东西不容易倒出来（想想：在买化妆品或衣服时，把它们放进纸质购物袋，服务员会用透明胶给袋子封口）。

这样的设计是不是改变了人们对墨水瓶、购物袋的“本以为印象”？拿到这样的产品，喜出望外之下，有没有种想晒的冲动呢？下图展示了消费者的真实感觉。

买了一支凌美钢笔，墨水包装设计不错👍@LAMY凌美中国

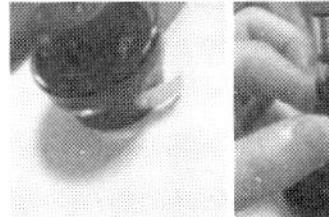

今天11:10 来自 iPhone 7 Plus

案例：速食？正餐？我到底在吃什么？

近年来，方便米粉、方便米饭、方便火锅等各种速食食品纷纷“占领”人们的一日三餐。从阿里数据（淘宝和天猫）来看，方便速食的线上销量也在不断增长。

和以往“吃方便速食”是人们“无奈的选择”不同，越来越多的人开始接受并喜欢上吃这些方便速食，还自发地在抖音、小红书等社交平台上晒这些美味。仔细研究可以发现，这些方便速食就是“品类串通”后的新物种。

霸蛮牛肉粉、拉面说、自嗨锅等方便米粉、方便面、方便火锅本质上就是让人们节省时间、迅速解决一餐的方便食品。但是，当“方便速食”这个品类和“烹饪正餐”融合在一起后，就诞生了一个新品类。这个新品类在消费者心中就是：我可以高效又不将就地吃顿饭。至于这顿饭是方便食品，还是烹饪正餐，谁也说不清。

霸蛮牛肉粉的创始人张天一认为：消费者有吃方便速食的需求。但是，其中一些人的需求不仅仅停留在过去以传统方便面为代表的便利性上，他们对产品的品质、口味、体验感提出了更高的需求。霸蛮方便米粉除了方便，还主打精选原汁原味的原材料带来的仪式感。“核心就是可以自己很方便却不将就地吃一顿饭——一碗好吃的牛肉粉。”也正因如此，在价值感上，霸蛮方便米粉的价格要远远高于普通方便面，能卖到 20 多元。①

近年来，人们逐渐喜欢上晒方便米粉等方便速食。因为这些产

① 资料参考：职业餐饮网，《伏牛堂倒闭了吗？伏牛堂更名霸蛮再获数千万融资！》。

品自带能体现生活方式的话题内容：速食≠不营养，速食≠选择少，速食≠潦草进食。“速食”也美味，吃“速食”也是一个“吃货”精明的、有追求的选择。方便米粉甚至可以和星巴克、名牌护肤品等“亮相”同一张好物清单里，一点也不违和（见下图）。

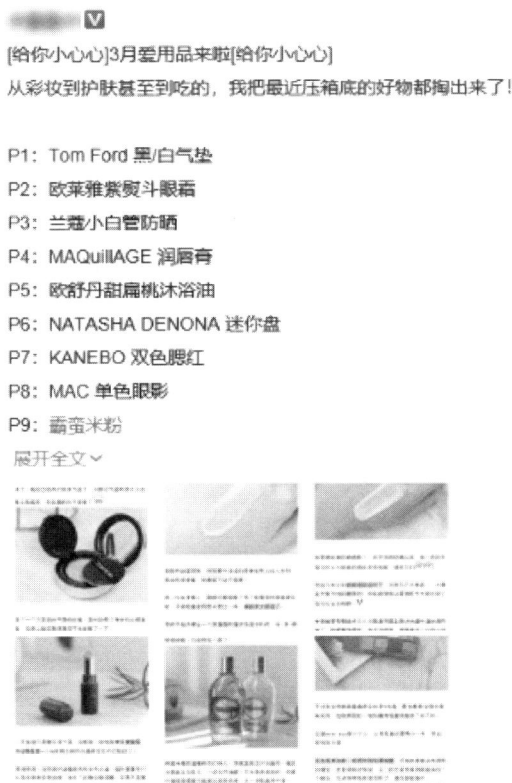

[给你小心心]3月爱用品来啦[给你小心心]
从彩妆到护肤甚至到吃的，我把最近压箱底的好物都掏出来了！

P1：Tom Ford 黑/白气垫
P2：欧莱雅紫熨斗眼霜
P3：兰蔻小白管防晒
P4：MAQuillAGE 润唇膏
P5：欧舒丹甜扁桃沐浴油
P6：NATASHA DENONA 迷你盘
P7：KANEBO 双色腮红
P8：MAC 单色眼影
P9：霸蛮米粉
展开全文

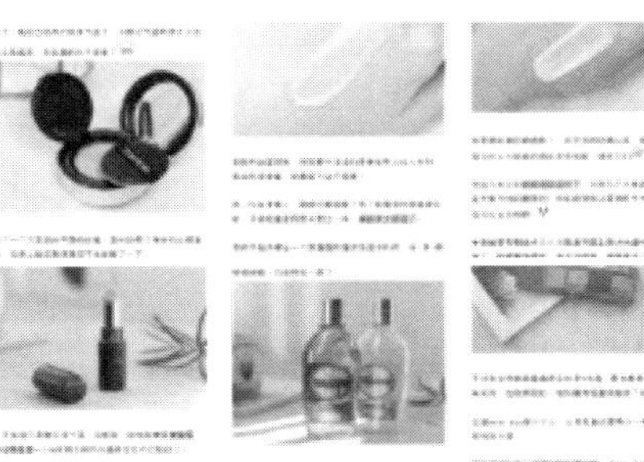

在种草带货时，品类串通的内容型产品自带得天独厚的内容策略。例如，徽记有你一面在邀请抖音 KOL“信口开饭”种草带货时，

P1&2: 霸蛮牛肉米粉绝了！我一口气吃完了

P3: 星巴克的石榴仲夏梦是真的酸啊！我以为在喝柠檬气泡水(蓝莓爆珠甜

P4: 给海胆蒸蛋爆灯

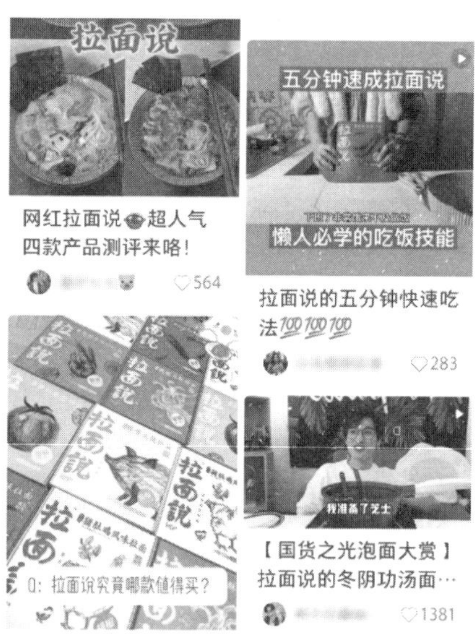
拉面说
网红拉面说 超人气
四款产品测评来咯！
564
五分钟速成拉面说
懒人必学的吃饭技能
拉面说的五分钟快速吃
法💯💯💯
283
拉面说
Q：拉面说究竟哪款值得买？
【国货之光泡面大赏】
拉面说的冬阴功汤面…
1381

把火锅面这个内容型产品既和方便面进行了对比，突出两者的差异点：火锅面居然有大片牛肉和大蔬菜包，莲藕清脆回甜，材料充足，丰富的汤汁溢满你的整个舌尖；又和经厨房烹饪的面对比，突出这两者的差异点——久煮不浑汤及方便、快捷。

新品类VS老品类1的差异点＝新品类VS老品类2的共同点（反之亦然）

（火锅面）（方便面）（火锅面）（烹饪面）

你发现这其中的奥秘了吗？和方便面对比的差异点正好是和经厨房烹饪的面的相同点。和经厨房烹饪的面对比的差异点又正好是和方便面对比的相同点。因此，通过品类串通融合的内容型产品和其中一个品类对比的差异点就是和另一个品类对比的共同点，反之亦然。

通过以上案例可以看出：通过“品类串通”的方式打造“内容型产品”，关键是在“消费者心目中”和“产品本质”这两个所属品类里“串通”。产品本质是什么不重要，重要的是：消费者在心目中把产品划为哪个品类，划为的这个品类能否以创新的方式满足他们的需求，如下图所示。

品类串通：内容型产品

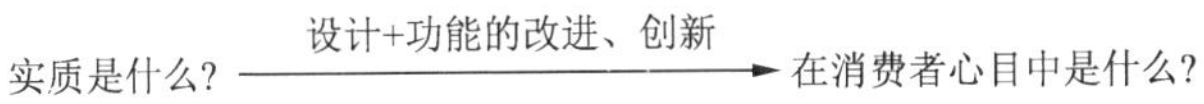

实质是什么？——设计+功能的改进、创新——→在消费者心目中是什么？

此外，品类串通型的内容型产品在进行种草带货等传播时，会自带一种内容策略，企业要充分利用，让消费者可瞬间感知到产品的价值点。

决策标准

“内容型产品”自带的引爆点通常来自产品卖点。卖点越是能构成消费者在选择某种产品时的决策标准，越是能让产品成为“内容型产品”，从而扣响消费者的购买扳机。也就是说：具有决策标准的卖点必须为消费者提供制定购买决策时的规则。可以这样表述：“假如我在备选品牌的产品中做选择时，那么我应该以这个功能卖点作为选择标准。”

此外，这条规则要很容易和过去的决策经验相结合，否则会因为要做过多功课了解、太过费神而被消费者忽略。这点也决定了产品卖点不在于多（事实上，产品卖点也不能太多），而在于那几个决定和引领决策标准的卖点。

接下来看两个案例。

案例：怎么重新定义“棉卫生巾”？

奈丝公主是全棉时代旗下的卫生巾品牌，它的最大卖点就是延续了母品牌全棉时代的“全棉”特性。但是，如今，各种品牌的卫生巾充斥市场，中国的卫生巾数量已突破1000家，而且前十大品牌的市场份额正在集中化。已进入市场近10年的奈丝公主卫生巾怎么才能脱颖而出呢？当时笔者给到奈丝公主项目团队的建议就是：通过制定决策标准，将它打造成“内容型产品”。

研究发现：大多数中国女性都认为，买卫生巾最好选棉质的。于是，市面上大多数卫生巾都打出了和“棉”有关的卖点。例如，纯棉、棉网、棉柔等。但是，这些打着“棉”旗号的卫生巾，它们真的是“全棉”吗？进一步研究资料发现：纯棉、绵柔、棉网等“棉”都不是真正意义上的“全棉”。例如，纯棉只要求含棉量在75%（或以上）即可；棉柔主要是聚丙烯材质，经过高温熔化，热压成布，制造出像棉花一样的质感。它们都是打了“全棉”的擦边球。

然而，奈丝公主卫生巾在产品酝酿之初就秉承了母品牌的“全棉”理念，不仅产品全棉部分的材质是真正意义上的全棉，且产品全棉成分的面积还力求最大化。例如，奈丝公主是业界少有的把“隔边”也做成全棉的卫生巾。此外，它的全棉芯系列卫生巾，连内里的芯体也是全棉的。

于是，笔者建议：奈丝公主要牢牢抓住这个卖点，制定消费者挑选“棉卫生巾”时的决策标准——重新定义什么才是真正意义的“棉卫生巾”。即只有用“100%全棉”材质做的卫生巾才是“棉卫生巾”，其他所谓的“棉柔”“纯棉”等都是在玩“棉”的文字游戏，也只有“100%全棉”的“棉卫生巾”才能给用户带来安全无忧、更舒适的使用体验。

那么，为什么要在“全棉”前面加个“100%”呢？就是为了加大这个具有决策标准卖点所引发的话题力度，引起人们的“对比联想”。其他的“棉卫生巾”到底含棉量多少？是不是只有90%，70%，甚至更低呢？那些不含棉的成分，对身体会有什么不良影响吗？

所以，“100%全棉”就是一个典型的决策标准卖点。可以为消费者提供选择“棉卫生巾”的决策标准：如果你要选“棉卫生巾”，就要认准、挑选“100%全棉”。此外，“100%全棉”的决策标准卖点并没有颠覆人们使用卫生巾的习惯，而是帮助人们厘清到底什么才是值得选择的“棉卫生巾”。

根据建议，奈丝公主卫生巾在大多数产品的包装上以及天猫旗舰店的产品详情页里突出“100%全棉”这个决策标准卖点。笔者进一步建议：可以通过和相关的权威机构合作白皮书或科普报告等形式，将“重新定义棉卫生巾”发酵成话题，吸引人们参与讨论，让人们感受到：只有100%全棉的卫生巾才是“棉卫生巾”。

案例：什么才是高档酸奶？

面对市面上大同小异、口感差不多的酸奶，如果你想买一瓶高档酸奶，那么应该以什么为决策标准呢？难道是越贵的酸奶越高档？精明的消费者显然不会这么片面地认为。接下来看看创立于2014年的乐纯酸奶，是如何为消费者在选择“高档酸奶”时制定决策标准，从而让自己成为总是保持一定话题热度的“内容型产品”。

这里有三个决策标准卖点。

- 品质——乐纯酸奶打造了“三三三倍”滤乳清酸奶的概念，由此给用户带来的口感是“每一口都像在舔盖儿”。
- 口味——乐纯酸奶创造了数种中国市场上几乎没有的酸奶口味。
- 设计——每瓶乐纯酸奶的包装已经不仅仅是装酸奶的盒子，它是让人赏心悦目、和用户沟通的设计作品。

值得注意的是：这三个决策标准卖点不是可以只取其一或其二的。它们之间要协同运转，一起定义到底什么才是一瓶真正的高档酸奶。

高档酸奶应该有的品质是什么？

为了追求健康、营养的极致品质，乐纯酸奶创始人刘丹尼打造了“三三三倍”滤乳清酸奶的概念。“三三三倍”滤乳清酸奶就是：用三倍的鲜牛乳和三倍的乳酸菌发酵，再用德国先进的 GEA 滤乳清工艺脱去整整 2/3 重量的水分，最后留下三倍的纯净营养。

三：三倍的鲜牛乳。

三：三倍的乳酸菌。

三：用滤乳清工艺留下三倍的纯净营养。

“三三三倍”这个卖点在乐纯的产品包装及官网、天猫旗舰店等各种传播物料上也是无处不在。例如，乐纯将所有的酸奶产品全都命名为“乐纯三三三倍＋口味名”，如乐纯三三三倍抹茶希腊式风味发酵（见下图）。“三三三倍”也为乐纯带来了话题。有网友就出过这样的题目：以下哪个不是乐纯三三三倍酸奶所指的“三倍”？

但是，毕竟“三三三倍”这个概念还是从“企业做了什么”这个角度来讲的。那么，它带给消费者什么样高档的独特体验呢？较

之市面上的其他酸奶，乐纯酸奶的口感更加醇厚，就像吃冰淇淋和奶油的感觉。于是，乐纯把“三三三倍”的决策标准卖点“翻译”成了消费者的亲身感受——每一口都像是在舔盖儿。没错，高档酸奶带给你的品质感就应该是：每一口都像是在舔盖儿。

在第 1 章中提到精准内容带来的精准流量要能带来口碑量。当人们购买、使用产品后，因为产品确实好，不仅愿意自发地为企业传播，还要传得精准，不能传得不到位。要做到传得“到位”，企业就要给用户提供唾手可得的“内容炮弹”。而这句“每一口都像是在舔盖儿”就是直击人心的“内容炮弹”（见下图）。

同事姐姐给的土豪酸奶，真的是每一口都像是在舔盖

我说我好想喝

阿原说这个其实就是给我买的

“每一口都像是在舔盖”

so o o o o sweet.

Thank you give my life add honey

高档酸奶应该有的口味是什么？

乐纯在“三三三倍”滤乳清酸奶的基础上，创造了多种中国酸奶市场上前所未有的口味。这些年，根据粉丝内测、用户反馈，乐纯推出过：蓝纹芝士、朗姆红提、桂花马蹄等市场上没有的独特口味。它还根据节庆热点推出了节日限量版口味。例如，在七夕情人节推出了白桃玫瑰口味，圣诞节推出了苹果肉桂口味等。这种创新的口味自然会引起人们的热议。

乐纯新口味茉莉花茶 完全没办法控制对茶味的喜爱

必须表扬一下乐纯

白桃玫瑰味，我爱的桃子味，能吃到桃子果粒和玫瑰花瓣，香香的，喜欢！

打开之后盖子的设计也喜欢

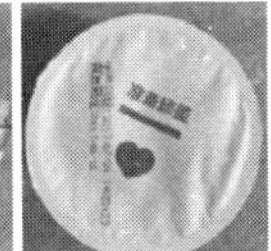

#长身体# 乐纯新口味 朗姆红提
酒鬼表示很喜欢

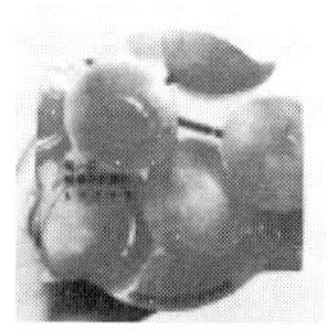

在有家便利店买到了乐纯 口感挺醇厚的 蛮不错就口味太少了 试了下桂花马蹄味 比想象中不错很多

桂花味没有很重 马蹄脆脆的 超妙的组合

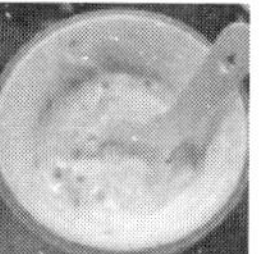

高档酸奶的包装应该是什么样的?

乐纯酸奶的包装盒设计也让人爱不释手,喝完舍不得扔,想收藏。可以把这个决策标准卖点概括为：媒介型包装。也就是说：乐纯没有把包装仅仅看成是装酸奶的工具，而是当成了和消费者沟通的媒介。既然是媒介，就要重视设计、展现自己美好的一面，并给用户可读性的内容。

乐纯的酸奶瓶子呈半透明状。瓶子外面包着的纸盒用唯美的手绘传达着这瓶酸奶的口味，不仅打开了人们的味蕾，还格外养眼，如下图所示。

在包装上，乐纯还用各种俏皮的、有温度的话语和用户对话，如下图所示。

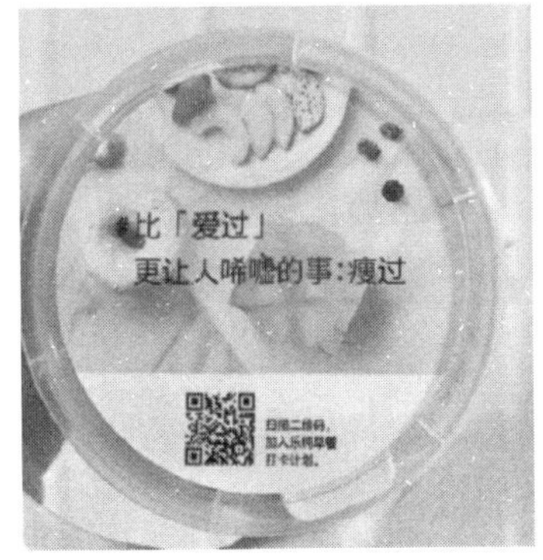

这样的品质、口味、包装，是不是让你在选择高档酸奶时，有了具象的决策标准呢？[①]

---

① 资料参考：营销航班，《从多维度看网红品牌乐纯酸奶的模式》。

从以上两个案例可以看出：有两类企业经常脱口而出的卖点，最容易酝酿成具有决策标准的卖点。

第一类就是：模糊不清，甚至一直混淆视听，但消费者又没有察觉的卖点。例如，第一个案例里提到的“棉卫生巾”。围绕“棉”，市面上有棉柔、棉网等各种材质的卫生巾，消费者的认知也一直处于一个自己未察觉的混沌状态。那么，到底什么是“棉卫生巾”？此时，如果某个品牌站出来，重新定义“棉卫生巾”，为“棉卫生巾”名正言顺，自然会引发话题。所以，试想，你所在的行业有哪些卖点处于消费者的认知盲区，甚至误区里。把它挑出来，变成能引起话题的精准内容，提前注入产品中，让产品在上市后成为“内容型产品”。

第二类就是：抽象卖点。这类卖点在很多行业里很常见。例如，高档、高端、优质等，还有近年来很流行的说自己的品牌是“有温度”的。如同前面所说：如今，消费者越来越精明。这种自我加封的形容词只会让他们感到厌倦。到底什么是高档，什么是有温度，能不能给出一个具体的决策标准？这个决策标准应该是消费者能实实在在感受到的。例如，在品质上，乐纯酸奶用自创的“三三三倍”概念衍生出了“每一口都像是在舔盖儿”。例如，如果你要开一家儿科诊所，说你的品牌是“有温度”的，那么，消费者怎么才能感受到你的“温度”呢？是不是可以提供一条决策标准，例如，医护人员24小时在线？

打造“内容型产品”的误区

通过或制造“反向落差”，或让产品“品类串通”，或制定让消费者有“决策标准”的卖点（当然，这三种策略互融互通），为产品在上市前注入有引爆点的精准内容，从而让产品成为“内容型产品”。那么，在打造“内容型产品”时，有哪些常见的误区呢？

不兼容的精准内容

产品是人们体验某种生活方式的载体。但是，不管是以制造反向落差、品类串通，还是制定决策标准打造的“内容型产品”，如果它们承载的生活方式无法兼容人们当下的生活习惯，那么消费者也不会买单，自然也就无法带来话题（也许会带来负面话题）。

例如，数年前，某个人护理品制造商尝试推出男士脱毛膏，作为剃刀和剃须膏的替代品，但是失败了。尽管这款产品简单、方便、实用，但男士们认为这些产品过于女性化，会威胁到他们的男性身份，当然对这款产品敬而远之。但是，你们想想如今，一些男士也开始使用粉底液、眉笔、眼线笔等女性用的化妆品。一些女孩认为：画了眼线、戴着耳环的男性也是别有魅力的。那么，如果这个时候再推出这种脱毛膏产品，是不是会有市场呢？

案例：消费者为什么不在乎“1 小时送货到家”？

如今，人们越来越不能忍受缓慢的物流配送速度，恨不能这一秒下单，下一秒货就到手。为了满足消费者“求快”的购物心理，近年来，京东推出了“京东到家”，从下单到收货，只需 1 小时。淘宝联合盒马鲜生推出了“淘鲜达”，承诺 1 小时送达等。

但是，2000 年，一个名叫 e 国网的电子商务网站同样推出了“1 小时送货到家”的服务，并大张旗鼓地宣传这个卖点，却彻底失败了，这是为什么呢？

当年，e 国网在北京推出了“e 国 1 小时”活动，并围绕它猛打广告，赢得了大量关注。哪怕你只点一罐可乐，e 国网穿红马甲的配送员也会在 1 小时内给你免费送来。显然，e 国网希望“1 小时免费配送”成为人们当年购物时的一个具有决策标准的卖点。

但是，“e 国 1 小时”活动开展半年后，月订单量也才达到几千单，销售收入几百万元。“e 国 1 小时”这句广告语也引起了人们的质疑：这种商业模式带来的巨大的配送成本，e 国网还能赚钱吗？卖得越多不是亏得越多吗？e 国网还能够撑多久？果然，不久之后，e 国网就宣告失败了。

有评论分析认为：实际上，e 国网的悲剧是在相关市场还没有成熟时，就过早地把一种“生活方式”带向了市场。2000 年，当时互联网在中国还不算普及，人们还没有全方位地体验到互联网带来的各种方便。例如，大多数人还没有养成网购的习惯。与此同时，当年的物流、支付等相关产业链也不发达。e 国网想把一种快捷的网购方式硬塞给当年的中国消费者，改变他们的生活习惯——在当年来说，有点天方夜谭。[①]

因此，产品代表的生活方式要兼容当地人们当下的生活经验和习惯，不能过于颠覆性创新，否则就是“好心办坏事”。

但是，值得注意的是，“兼容”并不代表品牌表达的生活方式绝对不可以“超前”，“适当超前”是可以的。只要把握好度，“适当超前”可以为企业迎来发展的先机，以更好的方式满足，甚至创造用户需求。例如，虽然使用环保产品还没有成为当下的主流消费趋势，但一些由天然材料制成，免动物实验的化妆品还是受到了部分消费者的欢迎。这反映了人们对污染、浪费和动物权益的忧虑。

案例：衣服也可以成为环保产品?

随着人们物质生活的富足，越来越多的人反而厌倦通过追求使用新产品带来的满足感。例如，快时尚行业的服装店就像快餐店，衣服每周都“换菜式”。在追逐时尚潮流的疲倦感中，如今，更多的人更看重一种环保的、回归内心的生活方式。（还记得第 2 章里说到的“第四消费时代”吗？）

但是，对于快时尚服装行业，如果只是喊喊口号，呼吁大家要环保——这显然是一种打脸行为。在频繁更新衣服款式、不断上新的过程中，快时尚服装品牌最常为人诟病的就是：鼓励消费喜新厌旧、多买、常换。这导致了资源浪费、环境污染的问题。此外，低价竞争也让血汗工厂事件频频出现。

---

① 资料参考：alayavijnana，《谁还记得“e 国 1 小时”？》l。

作为快时尚行业的领头羊H&M则提出了一条“时尚终极法则”：回收你的旧衣服，和H&M一起时尚重生（There are no rules in the fashion, only one: recycling.）。它呼吁：“请把你的旧衣服送到我们3300家门店的任何一家，我们可以回收再利用做成新的衣服。回收一件T恤可以省下2100升的水。”

也就是说，H&M把人们追求环保的生活方式理念落到衣服的设计、生产中。它没有回避自己就是要引领时尚（事实上，如果它回避了，消费者也不会再光顾），但是在时尚的世界里，H&M摆出了“旧衣回收”进而可持续发展的时尚态度。它的终极目标是：实现“时尚闭循环”（Close the Loop）。即从丢弃的衣服里获取再生面料制成新的服装，不让时尚白白浪费，以此来减少送往垃圾填埋场的旧衣服和节省用于生产面料的自然资源，降低时尚业对环境的影响。

因此，H&M通过对这些旧衣服的再利用，推出了各种新产品。例如，采用再生棉制作的时尚新生系列牛仔新品。这些再生棉都来自H&M店铺旧衣回收计划收集到的纺织品。这些牛仔新品在全球的各大实体店和网上店铺都有出售。这不就是通过“品类串通”的方式（是服装，也是环保产品）来打造“内容型产品”吗？

虽然这项活动在推广之初被认为有宣传炒作之嫌，但是它的推广很顺利。如今H&M已经在全球范围内收集了超过14000吨旧衣服。一些消费者在相关论坛、微信朋友圈里晒图，分享自己参与“旧衣回收”项目的心得体会，并借此表达自己和H&M一起时尚重生的环保观。①

① 资料参考：墨鱼茄汁饭，《H&M说时尚界唯一的穿搭终极法则是回收你的旧衣服》。

复杂的精准内容

“内容型产品”在产品功能、设计上，通过制造反向落差、品类串通、制定决策标准包含的精准内容不能过于复杂，例如，要用很多句子解释或者充满了晦涩难懂的专业术语等。这样的话，精准内容就无法变成能用一句简单易懂的人话表述的话题了。是的，这里强调的是“人话”。例如，走在街边，你会看到一些小店生产的产品就是自带精准内容的“内容型产品”，就像“土鸡蛋做的现烤蛋糕”“油，我们只用一次”。

还例如，无印良品的灵魂设计师之一深泽直人定义无印良品的设计理念就是：without thought（无意识设计）。由此引发大家在网上晒单、讨论：“无意识设计”是多么人性化啊！

“无意识设计”讲求的是：将无意识的行为转化为可见之物。例如，带托盘的台灯。这款设计将灯和钥匙联系起来。台灯的底座是个托盘，每当你下班回家走进家门，把钥匙放到托盘里，台灯就自动亮起来；当你拿起钥匙出门时，台灯就自动关了。

带凹槽的伞：为了方便人们在等车时，习惯把重物挂在伞上的动作（见下图）。

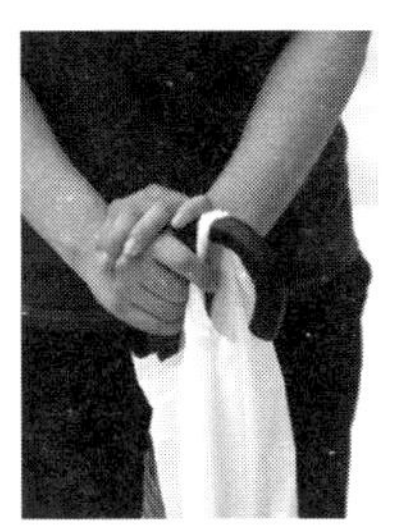

看不见的精准内容

体现在"内容型产品"设计、功能上的精准内容别藏着掖着，最好能让人们轻易看得见或感受到，这样才容易传播（想想这一章分析的所有案例）。

案例：网友给护肤、美妆产品起的绰号

如今，经常会从女性消费者口中听到各种护肤、美妆产品的绰号。这些"绰号"传达的信息都是那些看得见、摸得着、易感受的精准内容。

例如，纪梵希的香榭天鹅绒唇膏被网友亲切地称为"小羊皮"。因为它的皮质外包装为它增添了几分高档和温柔的触感，整体看起来高大上（高端 、大气、上档次）了很多。当然，人们就会由表及里地认为："小羊皮"的品质也必须是高大上的。

链接：为什么产品的卖点不是越多越好？

产品的卖点并不是越多越好，要精简，精简，再精简。但是，为什么市面上很多产品往往制造出了很多功能卖点呢？例如，要面对有 50 个按钮的遥控器，有上百个神秘特性的数码相机和书一样的使用手册等。这是商家为了顺应消费者的“贪多”心理啊。

消费者的心理往往是：在商店里看到一件新产品时，通常会认为它的功能卖点越多越好，最好是面面俱到，甚至有所谓的超出预期的功能。于是，商家不顾一切地炮制林林总总的卖点。但是，当把这些产品买回家后，却发现面对这些五花八门的功能时：根本不会用！或者一辈子都用不上！飞利浦电器公司就发现：至少有一半的退回产品其实没有问题，只是因为消费者无法了解如何使用它们！更严重的是，在放弃之前，平均每人尝试用 20 分钟时间学习如何使用产品。

马里兰大学教授罗兰·拉斯特（Roland Rust）和合作者德博拉·汤普森（Debora Thompson）、丽贝卡·汉密尔顿（Rebecca Hamilton）一起，将消费者的这种“贪多”心理提升为一个概念：“特性疲劳”（feature fatigue）。他们发现：消费者实际上倾向于需要和选择过于复杂的产品，但买了后就会为此担忧。他们的研究表明：消费者在购买前看重的是产品的功能，而非可用性。这使得消费者在购买产品时，认为商家宣称的功能卖点越多越好。但是，真正使用之后才发现：简简单单才是真。产品可用性的重要性大幅增加了，消费者又希望功能最好少一点，再少一点。①

① 资料参考：迈克尔 R. 所罗门，《消费者行为学》，中国人民大学出版社。

发现这点，对提高消费者的产品满意度有很大作用。因为消费者购买具有太多功能的产品可能会感到很受挫折而不会再次购买。因此，产品经理在设计产品时，要克制自己，最好打磨少量的、最能解决问题的功能卖点。从精准内容的角度出发，产品也只有包含了这样的关键性卖点，才有可能通过三大策略被打造成“内容型产品”。而其他无关痛痒的卖点反而是对“内容型产品”的一种干扰。

这种做法还有一个好处：当人们通过为数不多、极易上手的功能，感受到产品给自己带来的价值，他们的满意度也会提升，很有可能再次购买或主动宣传该产品，以此抵消或许在产品初始售卖阶段较低的销售额。

链接：设计——“内容型产品”的钩子

如今，人们越来越注重产品的“设计感”，无论是包装，还是某些细节体验。因为有设计感的产品能带给人们美好的感官体验。随着产品制造成本下降，人们也不再仅仅只看重产品的功能，享乐价值也越发重要。这里的“享乐价值”除了“独乐乐”，还有“众乐乐”。越来越多的消费者渴望在微信朋友圈、小红书、抖音等社交媒体上晒出自己买到的内容型产品。

宝洁公司意识到这点后，在推出每款产品时会重点加入一些设计元素。曾经，设计通常是陪衬：营销意味着用功效而不是审美来吸引顾客。如今，宝洁公司高层希望注意“真相的第一瞬间”——在商店里用包装和展示赢得顾客。

此外，设计之所以重要，是因为越来越多的企业正通过“消费者的感知价值”来给产品定价。消费者会以自己感觉到的价值，也就是“感知价值”，做出是否购买这个产品的决定。只有当他们认为这个产品真正有价值时，才愿意为此支付企业标注的那个价格。而设计得很有质感、别出心裁的包装及一些意想不到的细节体验，就是能让消费者觉得这个产品值得购买的高感知价值信号。这是因为，当他们购买产品后，不仅拥有了使用价值、审美价值，还有社交价值——可以在朋友圈发相关的消息。这就是可以晒的内容型产品。

是的，从消费者看到产品的第一眼开始，品牌主就必须为消费者随时可能发生的购买动作做好准备。某些时候，人们正是因为首先被产品的外观设计深深打动了，才不顾一切地购买，之后再来看看是不是解决了自己的什么需求。

日本著名的茑屋书店创始人增田宗昭说：“未来，所有的公司都是设计公司。所有的企业都将成为由设计师组成的团队。”重视设计，就是要把产品变成用户自发去晒的内容型产品。①

① 资料参考：迈克尔 R. 所罗门，《消费者行为学》，中国人民大学出版社。

第4章

精准内容：怎么打造“内容型产品”？（下篇）

第 3 章中详细剖析了可以通过制造反向落差、品类串通、决策标准这三大策略打造内容型产品。本章将介绍通过制造反向落差和品类串通衍生的主流内容营销新玩法，以及这些新玩法是怎么打造人们愿意买单的“内容型产品”的。

最典型的营销新玩法有三种：在产品包装上做文章，通过跨界营销诞生“内容型产品”，打造内容型周边产品。

在产品包装上做文章——什么是有内容的包装？

近年来，在产品的包装上做文章，力求通过“包装”让消费者对产品一见倾心，这已经是内容营销的家常便饭了。但是，到底什么才是“有内容的包装”？难道就是在包装上写几条文案或画几幅手绘插画吗？为什么有的“有内容的包装”能引起人们的讨论、购买欲望，但有的“有内容的包装”形同虚设呢？

“有内容的包装”就是要把产品包装成让用户有效沟通的媒介。这里的“沟通”不仅仅指和亲朋好友的沟通，还包括和陌生人或者自己的对话。因此，“有内容的包装”本质上就是媒介。这个媒介里蕴含了能带来精准流量的精准内容。

表白神器：对话杯[①]

中国台湾地区的麦当劳“麦咖啡”推出了一款被誉为表白神器的“对话杯”。这款咖啡杯没有使用单调的棕色系设计，而是采用了嫩绿和粉红两种颇受年轻人追捧的清新色系，并在杯子外围的上半部分精心设计了可供书写和涂鸦的对话泡留白（见下图）。随“对话杯”发布的还有几部微电影，以便给大家“对话杯”使用场景的灵感。这些微电影在国外某知名视频网站上的总点击量已突破百万次。

① 资料参考：麦迪逊邦，《麦当劳再打温情牌，对话杯广告第二弹》。

这里以首先上线的微电影《告白篇》为例。这部微电影将目光聚焦在青年间暧昧不明的爱情上。电影中，女生和闺蜜谈论着自己心仪的男生，却不能确定男生对她是否有感觉。趁男生给女生打来视频电话的机会，闺蜜悄悄在女生的对话杯上写下“你在追我吗？”的字样。

当女生拿起杯子喝咖啡时，视频另一端的男生看到了文字。他羞涩一笑，用写有“可以吗？我可以追你吗？”的对话杯作为他对女生爱情的告白。伴随着女生柔美的微笑，屏幕上打出麦咖啡广告宣传语：“让对话更有温度”。

之后推出的“亲情篇”微电影仍围绕产品上特有的“对话框”大做文章。总之，核心是通过那个小小的对话框中带着温度的文字，引发一段触动人心的故事。

之后，麦当劳继续将“对话杯”升级，推出全新圣诞绿杯。除了延续之前“对话杯”可供书写和涂鸦的对话泡留白，还新加了一个旋转杯套，当你转动这个杯套，就能以“yes”或“no”来回答杯身上的问题，避免直面问题要亲自回答的尴尬。

为了让更多人了解这个圣诞绿杯的使用方法，麦当劳还带来了一支让人意想不到的广告。广告里，女孩第一次带男朋友见爸爸，可是这个男生留着长发，满手文身……穿着打扮和女孩爸爸的期望大相径庭。就当大家都以为爸爸会愤然离去时，这个圣诞绿杯让一切都出现了转机（见下图）。[①]

---

① 资料参考：Rosy，《麦当劳圣诞绿杯，除了传情留言框还有旋转杯套！》。

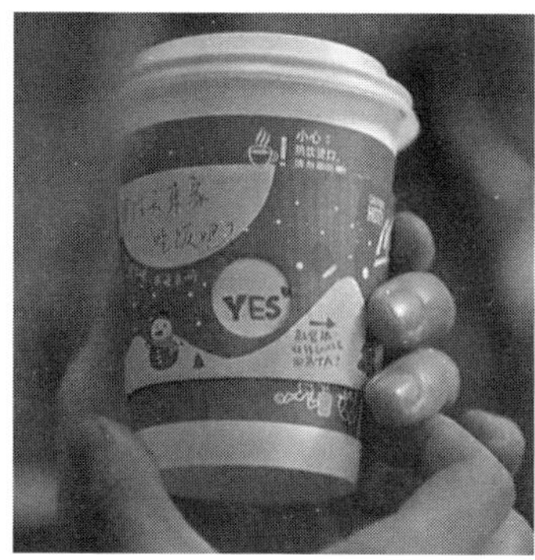

改变包装：冷藏果汁在冬天里也能热卖

冬季是冷藏果汁的销售淡季。试想：在寒冬腊月，喝下一瓶放在冰柜里的冰冷果汁，还是需要下一番决心的吧。那么，冬天怎么劝说消费者买一瓶冷藏果汁呢？

很多生产果汁的商家可能会想：如果在寒冷的冬天劝说人们喝冷藏果汁，就一定要主打“补充各种维生素、预防感冒”这个卖点。但是，如果这个卖点只是通过或不断生硬宣教产品功能的广告，或走所谓的情感营销路线、拍支感人的电视广告（TVC）来表现，会带来理想的销售转化吗？也就是说，人们看了这些广告或TVC，当他们站在冷柜货架前，还会记得“冬天喝果汁预防感冒”吗？就算记得，又真的有勇气从寒气直冒的冷柜里买走一瓶果汁吗？

味全每日C果汁的做法是：在产品包装上下功夫，推出了“拼字瓶”。“拼字瓶”的包装上印有不同的汉字，并根据这个汉字配上一段话。例如印有“天。”的桃汁包装上写着“宠上天，你要喝果汁”而“多。”字的苹果汁包装上写的是“笑得多甜，你要喝果汁”。

“拼字瓶”覆盖7种口味的果汁，每种都有6款不同的汉字包装，一共42款。如果把瓶子排列在一起，包装上的汉字可以排列组合成各种句子（见下图）。

然而，这样的瓶子自然逃不掉被人们玩坏的命运，例如“你。好。色。别。抱。我。”的搭配。相比之下，味全官网发布的“我。养。你。”“你。好。美。”的拼法，则显得有点保守。当然，“被玩坏”也是味全希望看到的。

味全每日C的品牌经理董文章就表示：“拼字瓶”在汉字的选择上花了很多心思。“大概有1/3的字拼出来是和果汁增强抵抗力有关的，2/3的文案主要还是强调关怀。”那么，再想想：在寒冷的冬日里走到冷柜货架前，看到这些会说话的果汁包装，仿佛在提醒你：多喝纯果汁、预防感冒，在关怀你，希望在冬天里抱抱你时，你是不是会忍不住买一瓶呢？

“拼字瓶”大幅提升了味全每日C果汁的销量。根据味全公布的数据，2016年味全每日C果汁每个月的销售额都有同比40%的增长，从当年7月到10月市场占有率都是国内100%纯果汁品类的第一名。

第二年冬天，为了促进冷藏果汁的销量，味全又推出了产品“每日宜瓶”。以“今日宜干什么”作为切入点，结合诸如“宜买买买”“宜颜值爆表”这种消费者喜闻乐见的场景化文案，向消费者传达“冬天更要喝果汁”的理念。在“跨年”这个时间节点前，味全上市了“每日宜瓶”，在话题性和使用场景上和消费者做好了情感链接。

“每日宜瓶”依然延续了之前“拼字瓶”的高人气，推出不久便引发了一大波网友的晒瓶行为，并借由微博等社交媒体，使得更多的潜在消费者也加入到玩转新瓶身的良性循环中(见下图)。“每日宜瓶”会作为用户某个生活场景里的“旁白角色”出现。（“旁白角色”是指用户在这个生活场景里的内心独白、画外音。）

为了更进一步通过有内容的包装实现销售转化，味全还和第三方支付平台支付宝合作，通过 AR 和瓶身的交互打造全新使用场景，将每日 C 果汁瓶身变成虚拟日历，并给消费者提供领取现金红包的福利，为他们提供了更多的购买动机（见下图）。

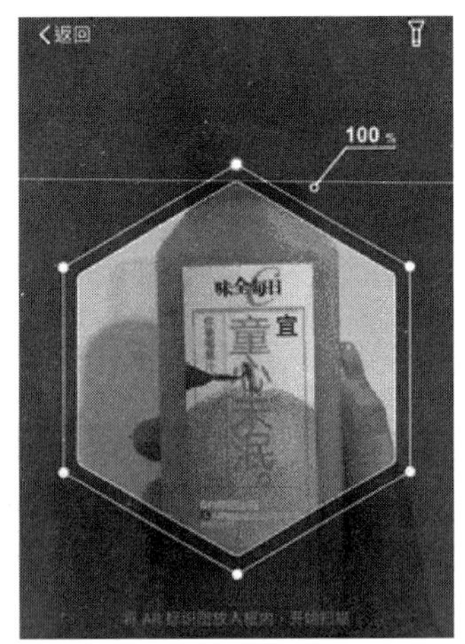

在本案例里，味全并没有用电视、楼宇广告或者微博等社交媒体来单向宣传“冬天喝果汁，补充维生素、预防感冒”等信息，而是通过自身的瓶子——这个直接和消费者亲密接触的免费媒介，以一种好玩的互动方式关心用户的冷暖。由此引发网友们根据自己所处的情境，自发晒产品。

此外，味全每日C果汁的瓶子设计还体现了第3章提到的打造“内容型产品”要避免进入的误区之一：看不见的精准内容。在味全每日C果汁的瓶身上，它的卖点是显而易见的。这里的“显而易见”有两个层面：第一个层面是醒目的“100+某种水果的果汁自然纯”的字样（如：100葡萄汁自然纯。），第二个层面就是对应的新鲜水果的配图。[①]

总结：什么是有内容的包装?

如前面所述，“有内容的包装”本质上就是媒介——是企业不花钱（“不花钱”指的是没有媒介采买费）、可以自己控制的媒介。媒介的关键作用就是沟通。这里的沟通关系可分为三大类：品牌和用户沟通、用户和其他人沟通、用户和自己沟通，如下图所示。

有内容的包装 ←→ 媒介 ←→ 三种沟通关系
- 品牌和用户沟通（关怀、赞美、一起玩等）
- 用户和其他人沟通（亲朋好友、陌生人等）
- 用户和自己沟通（旁白角色）

① 资料参考：刘雨静，《为了叫你冬天也要喝果汁 味全每日C又换了新包装》。Ocean，《创意无限 味全每日C又换新包装》。

通过跨界营销诞生内容型产品

研究表明："所有产品都承载着含义，但单独一个产品并无意义……这些含义存在于所有产品的相互关联中，正如音乐存在于各种声音的相互联系中，而不在任一个音符里。"[①]这句话也许可以用来解释为什么近年来跨界营销大为流行。

一些品牌主通过跨界营销打造的"内容型产品"大受欢迎。这些通过跨界融合后的"内容型产品"，有的让人感觉如此浑然天成；有的让人眼前一亮——这么不协调的跨界产品也挺有意思的。不管是通过哪种跨界组合诞生的"内容型产品"，各种产品之间都在产生互补效应。

各种奇葩跨界产品扑面而来

这几年通过跨界营销诞生的内容型产品可谓是"争相斗奇葩"。

案例：六神花露水 ×RIO——花露水味的鸡尾酒

六神花露水加上 RIO 鸡尾酒会变成什么？答案是六神风味鸡尾酒。六神风味鸡尾酒还原了六神花露水的包装和颜色，从里到外都是一片经典怀旧的绿色。瓶身腰封的"六神"字体则换成"RIO 锐澳"。毕竟，这是一瓶可以喝的六神风味 RIO 鸡尾酒（见下图）。

① 资料参考：迈克尔 R. 所罗门，《消费者行为学》，中国人民大学出版社。

至于这款鸡尾酒的味道如何？据说是RIO的特约独家调酒师把六神的经典香型秘制花露水放进了酒里。这款薄荷绿色的鸡尾酒，每喝一口都能让你感受到大自然清新的气息及入喉的冰凉畅快感。细腻丰密的气泡在口中炸开，从舌尖到整个身体，酥酥麻麻的刺激感传遍全身神经，夏天的清爽微凉尽在眼前。

六神风味鸡尾酒在天猫开售仅仅17秒，5000瓶预售装全被抢光，官宣售罄。预售、限量、秒杀，这些夺目的标签都为这件“跨界潮品”制造了热议话题，引起网友争先晒图，如下图所示。

17秒售罄
625再约
RIO六神花露水味鸡尾酒6月25日限量发售
听说过卖票的黄牛，倒手机的贩子，没想到前一阵火遍大江南北的Rio六神鸡尾酒竟然也已经发展出了完整的产业链！辛苦我熬夜等天猫首发，结果全被你们拿去哄抬物价了！
6月6日18:53 来自 微博weibo.com
收藏
转发631
评论606
1462
显然，六神Rio鸡尾酒已经发展出自己的一条产业线了！要问哪里买得到？据线报，天猫618首发！
5月31日18:40 来自 微博weibo.com
收藏
转发497
评论810
1822

周黑鸭 × 御泥坊——不同辣度的口红

周黑鸭和御泥坊跨界推出了“小辣吻咬唇膏”。“暖阳红”和“蜜桃粉”等口红色号的灵感来源于辣味周黑鸭。三种口红颜色还被打趣地标上了周黑鸭风格的“微辣、中辣、爆辣”。被“辣”过的嘴唇，性感动人。不同于其他口红的形状，这款“小辣吻咬唇膏”造型扁平，涂口红时，嘴型就像吃周黑鸭一样，轻轻一抿，尽显好气色（见下图）。[①]

① 资料参考：林四姑娘，《天猫国潮行动，这些跨界网红好物颠覆你的想象！》。

周黑鸭口红：上色顺便丰唇

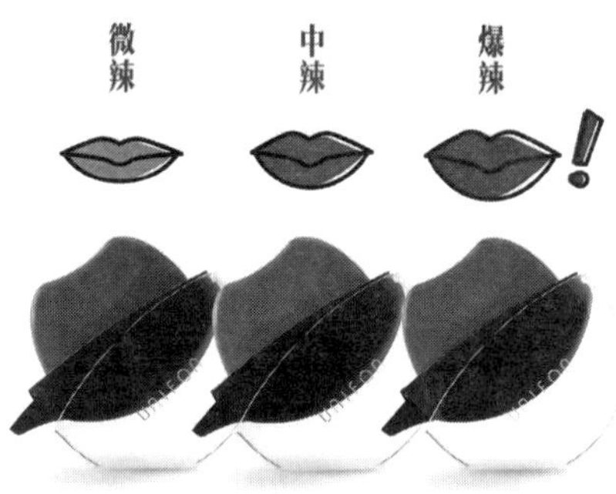

小龙坎 × 冷酸灵：火锅味牙膏

来自重庆的牙膏品牌冷酸灵和成都火锅品牌小龙坎，为了告诉大家“万物皆可辣”，联名推出“火锅牙膏”套装——内含3支牙膏，味道分别为“标准中度辣”“川渝微微辣”和“传闻变态辣”（见下图）。这个套装在天猫平台上线预售后便被快速抢光。

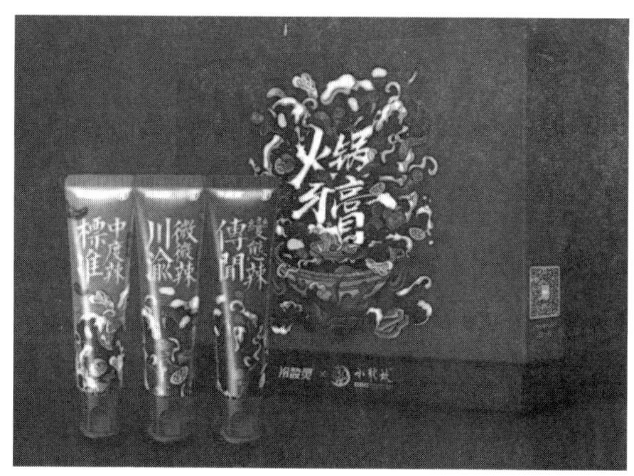

喜茶 ×Wonderlab：代餐奶昔

对很多人来说，喝奶茶是一件痛并快乐的事。“快乐”不言而喻；“痛”则是几口奶茶下肚，深深的负罪感随之而来。但是，新茶饮的头部品牌喜茶和减肥代餐品牌 Wonderlab 合作推出“快乐而不痛”的各种奶茶口味（芝芝莓莓、黑糖波波等）的减肥代餐奶昔。这充满了矛盾的卖点引得网友们心痒尝鲜（见下图）。

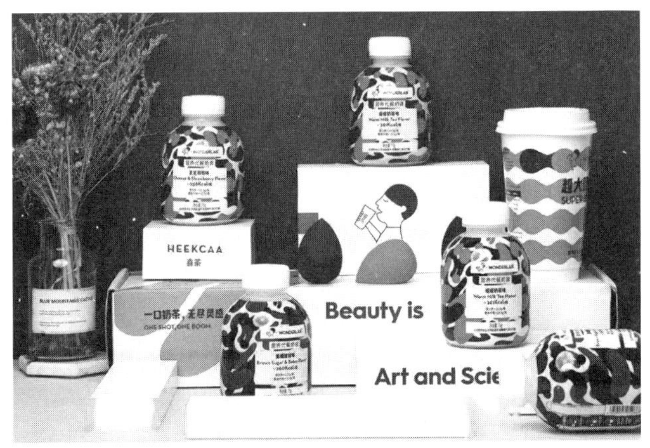

通常，企业会根据产品和顾客的销售关系对不同产品进行分层，例如：引流品（利润低，甚至不盈利，主要用于吸引新用户购买或唤醒顾客的购买欲等）、利润品（长期售卖，有着稳定的利润）、定制品（如为了维护和老顾客的关系推出的定制礼盒等）、福利品（只送不卖）。前面介绍的这些通过跨界营销诞生的较为奇葩的内容型产品有一个共同点——并不会长期售卖，大多是引流品。这些奇葩的内容型产品迅速抢占人们的注意力，或者刷新他们对品牌的老化印象（如冷酸灵的火锅牙膏），或者改变人们对该品类的负面认知（如喜茶口味的减肥代餐奶昔等）。

但是，真正高段位的、通过跨界营销诞生的内容型产品，不仅可以长期售卖，成为盈利可观的利润品、定制品，而且会成为这个品牌的一个文化符号。接下来看看优衣库的 UT 案例。

跨界新品：渗入不同文化群体

UT 是优衣库的标志性产品，也是它旗下最具人气且最赚钱的服饰系列之一。定位为“新时代 T 恤”的 UT 以“跨界营销”的方式打造了一件件全新 T 恤，并以此走进不同的亚文化、微型文化群体。

同属于一种亚文化的群体成员，有着和其他群体相区别的信仰和经历。每个人都从属于多个亚文化。亚文化包括：宗教亚文化、地域亚文化、饮食亚文化等。和基于人口特征自然形成的亚文化群体不同的是更多元且小众的微型文化。微型文化甚至可以围绕虚构的人物和事件组成。例如，《复仇者联盟》（简称“复联”）就拥有一批数量可观的粉丝。尽管“复联”的最后一部《复仇者联盟 4：终局之战》已经结束上映，但围绕着“复联”这个 IP 形成的产业链，一直在源源不断地滚动着巨大的经济价值。

优衣库 UT 的跨界触角渗入各种亚文化、微型文化里，包括动漫、游戏、艺术、音乐、饮食等流行文化元素都会在 UT 上展示。如今，UT 已不再只是一件普通的 T 恤。有些 UT 一经推出，会成为一种社会现象，被抢购一空。

例如，在撰写本章的时候，UT和美国当代艺术家KAWS合作的KAWS:SUMMER系列正在开售。最高售价仅99元人民币的KAWS:SUMMER系列UT在部分店铺3秒内就被抢光（见右图）！据消息人士透露：在二手专卖市场上，这些UT的价值有望翻10倍至近千元人民币。

长沙国金中心出现抢衣大战！优衣库遭疯抢！店员被吓哭
长沙周边一点通小时前 · 7317评论
昨天是六月三号，
也是优衣库 X KAWS发售的日子！
看看这些阵势，
这是优衣库买衣服就送钱吗？！
百米赛跑的

KAWS是美国著名的街头艺术家，他的作品代表了一种潮流的街头文化。一开始，KAWS会把纽约车站GUESS或DKNY等品牌的广告海报进行涂鸦，他的标志性“XX图案”就是从那时开始的，有种艺术和想象的结合，这些涂鸦没有被嫌弃还十分受欢迎。后来，KAWS开始收集更多的海报，进行二次创作。他还把这种随性的“XX涂鸦”带到了日本和英国，这种形式逐渐被世界各地的人所熟知。

如右图所示，KAWS早年在DKNY的广告海报上涂鸦“XX图案”

在优衣库UT系列创意总监NIGO的推动下，这是优衣库与KAWS的第6次合作，也是最后一次——KAWS本人在Twitter上宣布：这一季完成之后，就不会再发行合作款UT了。①

① 资料参考：36氪的朋友们，《3秒被抢购一空，优衣库X KAWS为什么这么火？》。

此外，在日本发行量最高的连载漫画杂志《周刊少年 JUMP》创刊 50 周年之际，UT 联手《周刊少年 Jump》推出了《海贼王》《火影忍者》《银魂》《龙珠》《死神》等 22 部经典动漫衍生出的 57 款联名原画印花 UT，击中了不少热血少年漫画爱好者的怀旧初心，来自全世界的万千日漫爱好者纷纷为情怀买单。在中国，优衣库线上旗舰店在开始发售后的几个小时便宣告全面断货。国内各大城市的实体店里，成群结队的年轻人在工作日的上午就开始了疯狂抢购，火热程度堪比“双十一”，就连配套的漫画版纸袋子都被疯抢一空（见下图）。在二手交易平台闲鱼上，买 T 恤赠送的漫画版购物纸袋，填色之后，被拍卖到 200 元的价格，而这个系列 UT 的价格是 79 元。

除了关注日漫群体，UT 还瞄准了美漫爱好者，推出了漫威系列的 UT，如下图。

还有和各种经典动漫 IP 跨界的 UT。例如，迪士尼的米奇米妮、小黄人系列等，如下图。

除了动漫，UT 还和有着强大影响力的影视剧跨界营销。例如，和《星球大战：最后的绝地武士》合作推出的联名款，将电影中的人物和场景放在 T 恤上，让不少星战迷心驰神往，如下图。

“星战”电影之外，UT 还推出了美国 20 世纪 80 年代系列经典电影主题的联名款。《回到未来》《外星人》这些老电影，如今的“80后”“90 后”都很熟悉，自然也想买来体验。

一些出乎意料的文化元素也被 UT 拿来跨界了。在乐高 60 岁生日之际，UT 和乐高联手推出了一系列全新单品，乐高经典的复古包装和拼装说明书成为这个系列 UT 的设计元素。

除了这些带有明确粉丝导向性的跨界 UT，优衣库也推出了一些承载“文化输出”功能的跨界 UT。例如，“北斋蓝系列”就充满了著名画家葛饰北斋的代表作《富岳三十六景》中的蓝色元素（见下图）。优衣库也希望借助这款跨界 UT 诠释日本的传统美。

还有那些看起来简直让人怀疑走错片场的“拉面”系列。日本国民美食拉面直接被放上了 UT，包括各地名店的 Logo，如下图。

这样的UT也充分展示了一波日本的美食文化。这些更艺术、更小众、没有那么大的粉丝经济价值的UT依旧人气很高，不少款式被疯抢到断货。购买群体中甚至有很大一部分人并不是日本人。

正如UT艺术总监NIGO说过的：“我希望更多人不再是因为喜欢迪士尼或者史努比去购买UT，因为其他品牌也可能制作类似的T恤。优衣库想要做到绝无仅有。”那么，UT的“绝无仅有”是什么呢？就是通过持续不断地和各种亚文化、微型文化领域里的IP跨界，让“穿着UT”本身满足了人们对某种文化的体验需求。如今，不管UT如何跨界，它本身就是个“内容型产品”，能引起热议的话题，直接实现了产品、传播、销售的整合。

而且，UT本身还极具参与感。例如，从2012年起，每年优衣库都会组织不同主题的“全球T恤设计大赛”。大赛中的前三名作品会制作成UT批量售卖。之前讲到的漫威系列UT就有部分款式来源于这个设计大赛。而更早之前推出的任天堂主题、星战主题也同样出了一些经典爆款。

除了设计大赛，优衣库还会举办“UT世界文化展”，以线下展览的方式，集中式地让人们体验UT带来的各种独特文化。例如，优衣库第一次以巡回展的方式，先后在台北、上海、广州举办“UT世界文化展”。展览共分为四大主题，主要是对优衣库在当年3月至6月之间上市的UT系列进行一次集中展示。它包括汇集了迪士尼经典人物、传奇乐队唱片专辑的“经典文化UT展”；优衣库与艺术家KAWS、Futura、Andre Saraiva等人合作的艺术文化展；以Line Friends和Hello Kitty为中心的“童趣文化展”；以及与任天堂合作的“跨次元文化展”。[①]

① 资料参考：市场营销智库。

总结：到底要具备什么条件，彼此才能跨界营销？

近年来，营销从业者在不断地讨论：到底要具备什么条件，彼此才能跨界营销？例如，品牌理念、品牌调性要相符，但是，这些标准都比较虚。例如，案例里说到的 RIO 和六神花露水，它们的品牌调性就相差较大。RIO 鸡尾酒源自巴西著名城市——里约热内卢（RIO DE JANEIRO）的简称，它展示的是来自里约热内卢热情洋溢的狂欢，打破阶层、出身，一起向上狂奔的潮流混搭文化。六神花露水则带给人们满满回忆杀的情怀和呵护的温情。此外，如果说“一切为了用户”是一致的品牌理念，这点就太泛化了。什么品牌不是一切为了用户呢？

其实，跨界营销像极了找对象。虽然跨界双方各自都有理想跨界对象的标准（想想你对另一半身高、体重、学历、工作的要求），但是，首先得看得上眼，当情投意合的对象来到时，那些条件、规则都会被瞬间抛到九霄云外。更何况，那些条条框框反而限制了跨界营销的想象力。之所以要通过跨界营销打造“内容型产品”，不就是为了创造不计其数种可能性吗？

所以，与其给跨界营销设定很多筛选条件，不如一方面凭感觉、海阔天空地拓宽跨境营销的对象，另一方面，把握跨界营销的准绳。这条准绳就是：跨界双方的商业模式不冲突。“商业模式”不是本书探讨的重点，营销本属商业范畴，大家可自行，也必须要多读这方面的书。简言之，“商业模式”就是：这个企业是怎么赚钱的？它靠什么盈利？跨界双方的商业模式不冲突——也就是两个或多个企业之间赚钱的方式不要互相矛盾、抵触。

例如，快时尚品牌 H&M 和奢侈品牌或高端服饰设计师打造的联名款，也曾引发人们彻夜排队抢购。但是，这股热潮却没有持续下来，近几年遇到了瓶颈。

例如，H&M 和意大利设计师 Giambattista Valli 合作的 Project Love 系列，在法国戛纳艾滋病研究基金会 amfAR 慈善晚会上提前亮相，由超模 Kendall Jenner、时尚博主 Chiara Ferragni 和中国女明星李宇春等穿着出席展示，其中李宇春被任命为该系列的代言人。但是，这个限量款预售并没有产生太大的话题热度，包括它和 Erdem Moralioglu 的合作系列也没有激起太大浪花——和往年消费者自备睡袋通宵排队的盛况形成鲜明对比。

这是为什么呢？因为快时尚和奢侈品的商业模式本身就是有冲突的。快时尚靠什么赚钱？某种程度而言，快时尚和快速消费品（快消品）行业很像，客单价不高，但消费频率一定要高。所以，快时尚品牌要不断推出紧跟时尚步伐的新款。至于服饰的质量、剪裁等，都不重要。最重要的是款式。

但是，奢侈品则完全不同。奢侈品贩卖的是稀缺的梦想。每当一件奢侈品，例如，奢侈品牌的包被卖出后，这就意味着大街上又多了一个背这个奢侈品包的人，它所编织的梦想价值就要打点折扣了。因此，和快消品的赚钱逻辑相反，奢侈品会避讳过多的“穿戴曝光”（即越来越多的人穿戴这件奢侈品），也会适度把控品牌广告的曝光量。

那么，Lanvin、Alexander Wang 等奢侈品牌为什么要和 H&M 合作呢？毕竟，奢侈品牌也需要培养潜在用户，特别是年轻消费群。这就是 H&M 能带给它们的。但是真正合作后，消费者会发现：和奢侈品牌联名的快时尚产品终究还是快时尚产品。它并没有满足人们实现有身份价值的梦想，而且衣服的质量也有问题，很难体验到奢侈品牌独具匠心的品质感。2011 年的“Versace x H&M”系列曾出现大量退货，2017 年的“Balmain x H&M”系列也被曝出质量不过关。因此，奢侈品牌还是老老实实地通过推出入门款来吸引潜在用户吧。通常而言，奢侈品牌的入门款都格外重视产品品质，性价比很高。

所以，商业模式有冲突的品牌即使合作了，也是不长久的。这也从另一个角度解释了为什么花露水可以和鸡尾酒，唇膏可以和鸭脖等跨界营销，诞生“内容型产品”。因为它们看似违和，商业模式却如出一辙。之所以有这么多文化类 IP 和优衣库的 UT 合作，也是看到了 UT 可以为这些 IP 实现商业变现。它们希望借助 UT 这个大众消费品，让自己的 IP 既在垂直的粉丝社区里扎根得更深，同时也能辐射到更多其他的文化群体里。

打造内容型周边产品

“内容型周边产品”就是根据品牌精神或产品的主打卖点衍生出新的产品。虽然这几年各种新兴的消费品品牌喜欢推出自己的内容型周边产品（如喜茶的小程序商城——“HEYTEA 喜茶星球店”销售购物袋、手机壳等），但真正能走入人心、为人津津乐道的内容型周边产品并不多。以下三个案例涉及的内容型周边产品相对比较经典。

主打安全卖点的汽车品牌推出了“生命喷雾”

“安全性”一直是沃尔沃汽车主打的王牌卖点。为了表达品牌对安全的关注，除了汽车安全，沃尔沃还开始关注骑行者的安全问题。数据显示，仅仅在伦敦，每年就有 19 000 人因在夜间骑自行车，被卷入交通事故中。为了避免这些道路危机，沃尔沃推出了一种超反射喷雾：“生命喷雾”（Life Paint）。它可以喷在任何物体上，让骑行者在黑暗的街道里更为明显。

这种气溶胶喷雾可以轻易覆盖各种材质：无论是光滑的金属表面（如自行车），还是多孔的织物（如骑行者的衣服和背包）。在白天，你完全意识不到它的存在。但是，一旦到了晚上，“生命喷雾”就会在汽车灯光或者微弱的外部光线照射下，反射出很明显的、清晰的白光。这样的反光效果将有效提醒司机们避开路边的骑行者。此外，“生命喷雾”的反光效果可以维持 10 天左右。如果不再需要这种反光效果，清洗一下就可以了，因为这款产品是可溶于水的，不会对物品造成任何损害。

虽然不少厂商试图通过各种智能方式解决骑行安全问题，但沃尔沃的这个方法胜在简单又直接。“生命喷雾”在英国有售，售价为 13 英镑（折合人民币约为 112 元）。[①]

就算是在路灯下，骑行者仍然不太显眼，如下图。

喷上“生命喷雾”后，骑行者反射出白光，显而易见，如下图。

厨具品牌用“厨具”做了一本“烧烤说明书”

全球领先的厨房用品品牌查蒙蒂纳（TRAMONTINA）拥有完整的烧烤产品线。为了让热衷烧烤的巴西顾客认识并喜欢自己的产品，

① 资料参考：陈珏竹，《沃尔沃的这罐喷雾，让黑暗中的骑行者更加显眼》。

查蒙蒂纳发布了一本精心制作的产品说明书：《烧烤圣经》（*The Barbecue Bible*），让当地人进行一场完美的 DIY 烧烤。

这本《烧烤圣经》不是一本普通的产品说明书。从第一页到最后一页，每一页要么是一种烧烤工具，例如，风扇、围裙、磨刀机，要么是烧烤要用到的食材，例如，盐、生牛肉等。这些实用工具和食材按照烧烤的工序，第一页、第二页、第三页……依次翻过。人们每撕掉一页“烧烤圣经”，就意味着完成了一个烧烤步骤。当整本书撕完，也就可以开始享用烧烤大餐了。

《烧烤圣经》共分为三章：“准备”“烹饪”和“上菜”。

翻过第 1 章“准备”的首页，你会看到一张明显比纸厚很多的黑板。把这块黑板取下并砸碎，它就变成了燃料木炭，如下图。

继续翻开是一张红纸，摸起来很光滑，还有种油的味道，它是一张引火用的油纸，如下图。

第三张则是被折叠过的硬纸片，上面有明显的折痕，只需要按照折痕再将它稍微折叠一下，就变成了一把用来扇火的小扇子，如下图。

第 2 章是“烹饪”。首先映入眼帘的是件折叠好的围裙，由特殊材料制成，既轻薄柔软又结实耐用。将它从书中拆下来系在身上，瞬间大厨范儿就出来了，如下图。

下一页是一张烧烤专用锡箔纸。将它撕下来包裹土豆、玉米，放在刚刚点好火的烧烤架上烧烤，如下图。

继续翻看第 2 章，你会发现一张磨刀专用的砂纸。这张“磨刀纸”还能重复使用，如下图。

第3章“上菜”是用餐时会用到的几张“纸”。有一张软质餐垫，铺到桌上一秒变优雅；还有木质的食物餐盘、一张柔韧度刚好的厨房布（用于清洁），如下图。

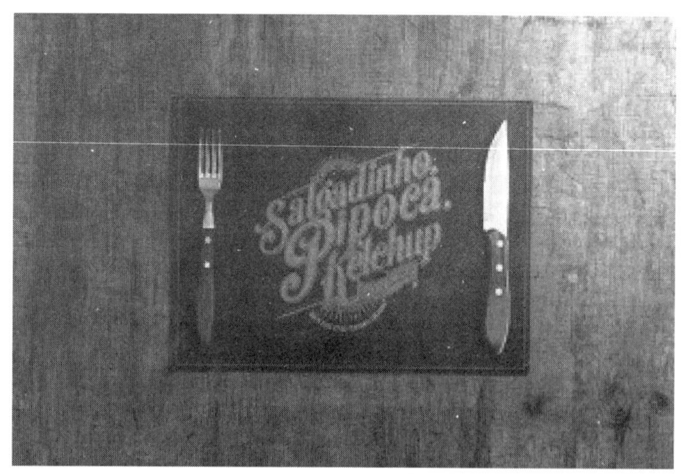

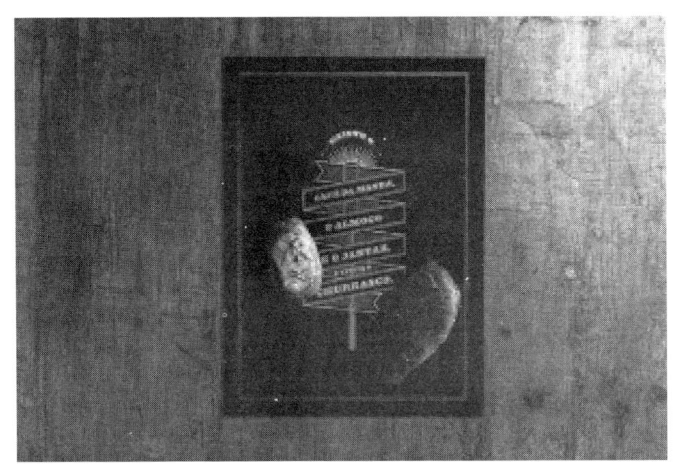

最后还有一张用来调味的“盐纸”（见下图）：将易吸水型纸张放进高密度浓盐水浸泡，吸取足够盐分后再进行晾干、剪裁、装订，使用时直接用指头揉搓纸张就会掉下盐分颗粒。因为巴西人更喜欢原汁原味的烧烤，所以正宗的巴西烤肉只放粗盐调味。

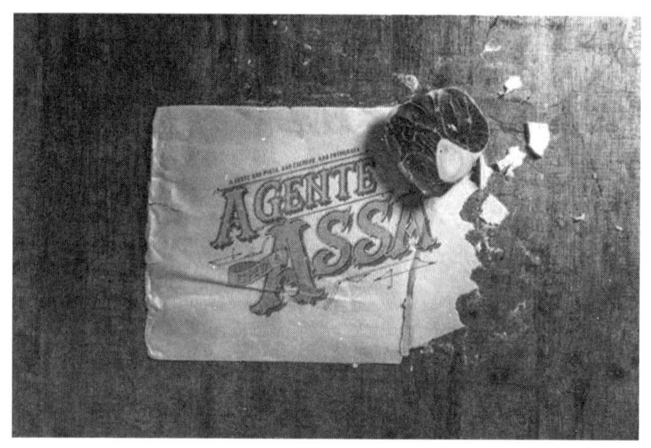

别忘了：书的封面还可以用来当料理砧板，如下图。

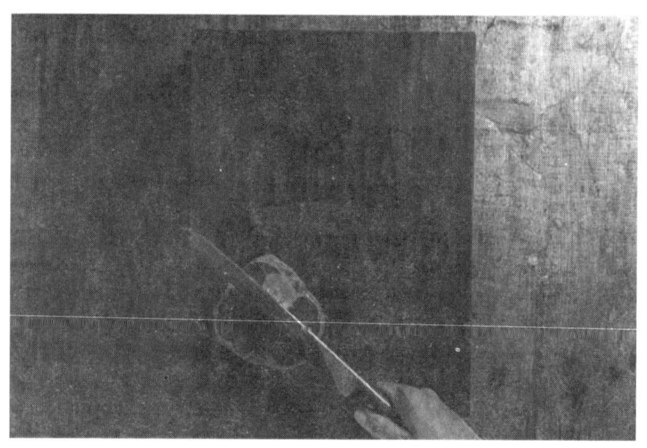

《烧烤圣经》首发全部赠予巴西的烧烤厨师。得到一致好评后，它继续在巴西指定的书店发行售卖。[①]

① 资料参考：詹姆士的厨房，《“圣经”也敢烧？还要烧成烤肉大快朵颐！》。

这块饼干真会玩：让自己变身音乐产品

1912年3月6日，奥利奥在美国诞生。这块100多岁的经典美式夹心饼干在其后的发展道路上，先是把营销场景聚焦在“家庭”，它的体现亲子时刻、家庭其乐融融的广告语“扭一扭，舔一舔，泡一泡”（Twist, lick, dunk）为众人所知。之后，为了让品牌年轻化、个性化，奥利奥做了很多想象力十足的尝试。2015年，奥利奥在全球开启了一项全新的品牌营销战役：Play with Oreo（玩趣奥利奥）——顾名思义，奥利奥打算彻底让消费者和它一起各种玩，如下图。

2018 年初，在“Play with Oreo”的品牌精神日渐深入人心之时，奥利奥在中国开启了“玩在一起奥利奥”品牌升级。从“奇思妙想奥利奥”到“玩在一起奥利奥”（见下图），这中间不仅仅只是品牌广告语的单纯转变，奥利奥更希望向中国消费者持续渗透“playful”（爱玩的、会玩的）的品牌精神，保持年轻的品牌形象。

这期间，奥利奥先后和天猫“超级品牌日”合作，推出了两款火爆的“内容型周边产品”。这两款“内容型周边产品”的主题都和“音乐”有关。一款奥利奥唱片机、一款会打碟的奥利奥 DJ 台，让消费者和奥利奥一起玩转音乐。

奥利奥唱片机

亿滋集团中国区电商总监董鑫在接受胖鲸智库专访时表示，他带领团队花了10个月时间，设计了这款奥利奥唱片机音乐盒，把看起来炫酷的东西变成了真正炫酷的东西，如下图。奥利奥音乐盒不是看过就算了的传播内容，而是一个强内容产品，是要购买的。

总体而言，奥利奥唱片机有三个特点。

特点一：时光音乐

既然是唱片机，当然要能播放音乐。亿滋团队找到了在音乐方面比较强的代理公司，制作了四首和奥利奥以及青春有关的音乐。因为亿滋团队认为：奥利奥是一个从童年开始陪伴消费者成长的产品和品牌。所以，奥利奥唱片机最终在产品上实现的是：当你每咬一口奥利奥，时光会倒退五年，播放那个年代的音乐。

特点二：礼物包装

因为奥利奥唱片机很适合作为礼物送给他人，所以亿滋团队沿用了之前和天猫共创的包装定制系统。在音乐盒之前，奥利奥曾推出过“秘密花园填图册”风格的“奥利奥缤纷填色装”，并在天猫“超级品牌日”发起了一项“全球最大饼干盒填色涂鸦”的吉尼斯挑战赛，推出了 6 款消费者可以定制的填色包装。通过奥利奥提供的 108 款创意贴纸，消费者可以自由发挥想象力，把自己的照片和这些贴纸一起加工，定制个人专属的奥利奥包装，如下图。

为了实现这个填色包装，奥利奥和天猫共创了一套包装定制系统，这个系统允许消费者完成定制后，在后台云端将设计推送给印刷厂。在印刷环节，亿滋使用了数码打印技术，很快生产出大批量完全不同的东西。这大大降低了成本，最终消费者在下单后 7 ~ 10 天就可以拿到“奥利奥缤纷填色装”了。

特点三：AR 体验

董鑫认为，奥利奥唱片机既然是一个电商产品，就应该有一些在技术端更炫酷的二次体验。所以奥利奥尝试了 AR 技术，只要打开淘宝或天猫 APP，扫一扫，就可以配合音乐体验一个动画 MV。如果你买的是一个定制填色装的产品，那么 MV 里面的动画图案色彩就和你的填色一样。

奥利奥唱片机产品上线 9 小时即售出上万盒。其中，20 000 份限量版礼盒在上线日的中午前就销售一空，亿滋团队在天猫超市渠道紧急调货，规定每人限购两盒。

奥利奥 DJ 台

第二年的天猫“超级品牌日”，奥利奥又上线了一款奥利奥 DJ 台（见下图）。奥利奥 DJ 台由一个黑色的主机和一个白色的副机组成。DJ 台黑色主机的左边负责节奏，右边负责旋律，再配上几块奥利奥饼干，你就可以开始创作了！奥利奥 DJ 台共包含中国风、电音、嘻哈等 5 种不同的音乐风格，55 段旋律，可创造 525 种组合。

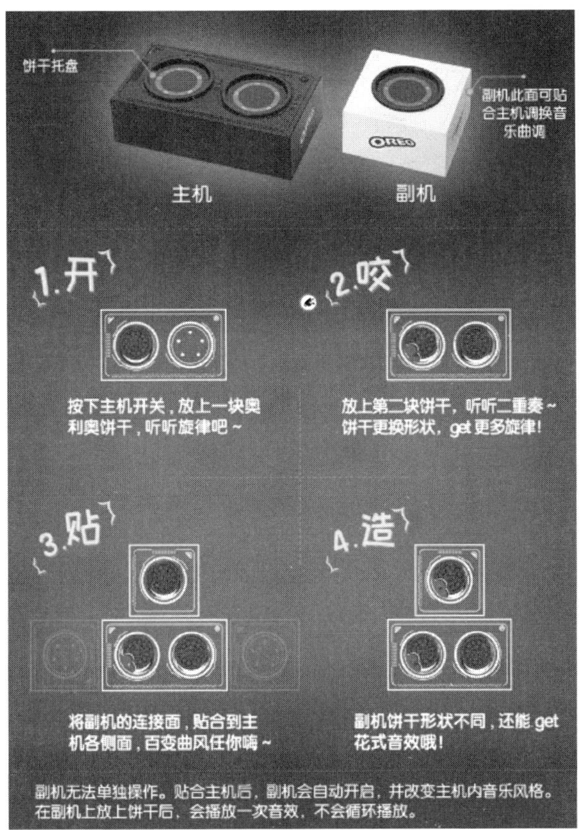

此外，在天猫购买奥利奥 DJ 台礼盒的用户，还可以扫描包装盒内的二维码参与 H5 互动，挑战高阶曲谱。将自己演奏的音乐分享至社交媒体，还能邀请更多朋友加入到 DJ 台的玩乐大军中。

除了 4 万台普通版的奥利奥 DJ 台在天猫独家发售，奥利奥还和品牌大使王源一起合作推出了拥有王源《宝贝》歌曲的典藏款，其中 1108 台典藏 VIP 款，更是在包装上印上了王源的形象。王源还在 DJ 台里为五月过生日的粉丝们准备了一份彩蛋。

奥利奥 DJ 台销售额在 15 分钟内突破了 100 万元，其中王源定制版 DJ 台更是一秒售空。5 分钟内，亿滋天猫官方旗舰店的奥利奥产品销售额也突破了 100 万元。

三种“内容型产品”的三个特点

在包装上做文章、通过跨界营销打造“内容型产品”、推出“内容型周边产品”——这三种近年来通过制造反向落差、品类串通流行的“内容型产品”，总结而言有以下三个特点。

特点一：从引流品走向利润品

过去营销从业者往往把有内容的包装、跨界营销、内容型周边产品当成一种传播、推广手段（也就之前说的引流品），对它们的考核指标仅仅是：只要能吸引人们关注、引发讨论即可。至于它们能否持续盈利、带来长久的商业价值则不在考点范围内。但是，本章提到的大部分案例里，这些“内容型产品”是可以用来销售的，必须带来可持续的经济价值。正如亿滋电商平台总监董鑫所说：“奥利奥音乐盒必须是一个可以广泛销售的东西，卖断了要补货，不随着营销战役结束而停止售卖。”

特点二：一次品牌延伸的试验

不管是通过哪种内容营销形式打造的“内容型产品”，它们或在延续企业的品牌精神或在强化突出产品的卖点。某种程度而言，它们就是一种品牌延伸下的产品。

品牌延伸是一种很重要且复杂的品牌战略。品牌延伸就是：一个公司基于一个已建立的品牌推出新产品。这个新产品可以是对原有产品线的延伸，也可以是拓展出来的一个新的品类。对多数公司来说，问题不是品牌是否应该延伸，因为导入新产品通常是公司长期成功的关键。问题是应该何时、何地以及如何延伸品牌。毕竟，营销专家估计，品牌延伸出的新产品成功率很低，只有两成，甚至一成。而且品牌延伸一旦失败，不仅会让已有的用户感到困惑，遭到他们的抵制，还会伤害、稀释母品牌的形象，影响母品牌其他产品的销售。[①]

但是，通过以上三种形式打造的“内容型产品”以一种试验的方式，较为快捷地为品牌开发了新产品。这一方面丰富了原有的产品线，让品牌精神更加深入到消费者的日常生活中；另一方面，也可以较低的成本快速测试消费者是否喜欢这些新产品。之所以能做出这种轻量级的品牌延伸尝试，部分得益于电商平台大数据得天独厚的优势以及供应链等技术的迅速发展。

① 资料参考：凯文·莱恩·凯勒，《战略品牌管理》，中国人民大学出版社。

特点三：强粉丝参与感

无论是麦当劳的对话杯、味全的拼字装，还是六神花露水风味的鸡尾酒、优衣库不同版本的UT、奥利奥的音乐盒……对粉丝来说，这些产品就是他们走进品牌、和品牌对话的一种独特仪式。这些产品表明，品牌在时时惦记着他们，希望带给他们更好的、更有创意的用户体验。第1章提到精准内容不是一潭死水，它是活的。只有和粉丝互动，精准内容才能带来精准流量，从而分化为销量、品牌印象量和口碑量。这三种内容营销形式打造的“内容型产品”就是精准内容灵活运用的生动体现。

第5章

精准内容：怎么制造品牌爆点话题？

第 3 章和第 4 章中一直在讨论怎么将“精准内容”落地到产品上，提前在产品身上预埋上市后能带来精准流量的引爆点，提前解决产品上市后的内容展示能力，实现产品即内容，内容即营销。但是，一些产品的功能大同小异，难以实现差异化（这点在护肤品、零食等快消品上尤为常见），该怎么办呢？这时就需要通过品牌的力量来让消费者理解：对他们而言，产品到底意味着什么。

然而，令人遗憾的是，国内很多企业做生意的逻辑并不是基于“品牌”，而是焦虑地四处寻找所谓的流量洼地（如 2017 年的微信公众号、2018 年的抖音等），力求立竿见影的卖货效果。对他们而言，创建品牌依然是个花钱行为，而不是投资行为。如果产品销售情况不乐观，就跟风市面上正在流行的“网红产品”，生产下一个“爆品”。

此外，一方面，中国的消费品正在切入各种细分品类，呈燎原态势发展；另一方面，真正重视品牌的消费品又屈指可数。在写这一章时，笔者试图寻找、分析如今国内如火如荼的新兴消费品品牌的相关案例，但是遗憾的是：此类案例少之又少。

所以，本章的案例分析大多集中在这几年的经典案例上：有成功的，也有失败的。分析角度也和你之前看到的同类案例解读不一样。

总之，本章要解决的问题就是：在精准内容的方法论体系里，怎么通过制造品牌爆点话题，让人们迅速认识、理解品牌，愿意购买它的产品，并爱上品牌，自愿成为品牌的拥趸。

什么是品牌话题？

在具体分析怎么制造品牌爆点话题之前，有必要先来理清楚到底什么是品牌话题。首先要明确的是：品牌话题≠情感口号。

品牌话题≠情感口号

说起策划品牌话题，营销从业者最容易陷入的误区是：绞尽脑汁想一句或催人泪下或给人满满鸡血的情感口号，因为传播品牌最好的方法就是走“情感营销”路线。但是，结果如何呢？这些情感口号最大的特点就是：徒有表面，放之四海而皆准。

它们的典型诞生场景之一是这样的：企业招标比稿，广告公司等乙方煎熬方案，之后来来回回开数十次会议，来辨别这些口号里的同义词：应该是“开心”“有趣”“快乐”，还是“幸福”？是“自信”“勇敢”，还是“自由”？这些营销从业者认为：诸如此类的争论很重要，因为这关系到这句话是否是企业想表达的，或者能否引发情感共鸣。但是，这只是他们一厢情愿的想法。这些情感口号只会让人们的情感越发麻木。因为它徒有表面，用在哪个品牌身上都可以，没有解决人们的任何需求。

没错，如同产品要解决人们的需求，品牌也一样。只不过产品是从实用的功能层面解决需求，而品牌则是从消费者的身份认知层面解决需求。这句话怎么理解呢?

首先思考一个问题：面对卖点、品质差不多的同类产品 A 和 B，你为什么选 A 品牌，而不选 B 品牌？抛开使用习惯、偶发性因素等，最重要的原因是：A 品牌更能代表你对自己的身份认知。

现代消费者行为学领域的一个基本前提是，人们购买产品往往并非因为它们能做什么，而是因为它们意味着什么。这一前提并不是说产品的基本功能不重要，而是说明产品在生活中所起的作用已远远超出了它们所能实现的功能——这就要归功于品牌的力量。

例如，你几乎很难说清楚可口可乐和百事可乐的味道到底有什么差别。是谁更甜吗？或谁的口感更爽吗？耐克和阿迪达斯的同类跑鞋有什么差别呢？是穿上其中一双会跑得更快吗？但是，这些品牌的粉丝就是对自己热爱的品牌矢志不渝。当他们使用产品时，不仅仅是“用”了，而是很有可能在表明自己是什么样的人或希望成为什么人。同时，这些选择还让每个人同那些与我们有着类似偏好的人建立起联结。之所以会用产品来表明自己的身份，是因为品牌赋予了产品独特的文化含义。营销从业者正是要通过制造品牌话题等方式来帮助消费者理解这些含义。

所以，再回到之前说的“品牌话题≠情感口号”这个误区，并不是说品牌不能围绕“幸福”“快乐”“做自己”来制造话题。事实上，这些普世情感也是品牌话题的来源点。但是，营销从业者不能将话题割裂于社会和历史情境之外，不从解决消费者身份认知困境的角度出发。如此造成的后果只能是：品牌更加同质化，消费者几乎不可能通过无中生有的情感利益区分品牌的差异。这样的情感口号必然成为不了精准内容，无法带来精准流量。

以上分析也说明了营销从业者对品牌话题的另一个认知误区。

品牌话题爆不爆，全看运气

一些营销从业者认为：品牌话题要爆起来，全看运气。它们或者是从天而降、突然迸发出的灵感，或者是撞大运，抓住了一个社会热点，恰好引起了人们的讨论。这样的观点当然是有失偏颇的。任何品牌话题都不是营销从业者拍脑袋想出来的，它不是无中生有的。如前面所述，品牌爆点话题来自于现实世界里人们的某种自我认知需求。营销从业者洞察到这种需求后，将它创新成能带来精准流量的品牌爆点话题。人们之所以关注、喜欢这个品牌话题，就是因为它是从真实生活中提炼出来的，有一定的权威性。人们可以想象：现实世界的一部分人本身就是在这个话题代表的生活方式指引下生活的。

现在，你明白了什么才是真正意义的品牌话题了吧。总结成一句话就是：品牌话题就是要满足人们对自我认知的需求，即我想成为一种什么样的人？或者想远离什么样的社会群体？

在品牌话题里，消费者要能发自肺腑地体验到他们渴望的理想和价值，认为自己因此获得了社会认同。于是，他们就会趋于认为这个品牌能提供功能更好、质量更高、更加值得信赖的产品。例如，食品和饮料的味道更美味、商家提供的服务更人性化、家用电器等耐用消费品更可靠等。这样的品牌话题才是能带来精准流量，并会分化成销量、口碑量、品牌印象量的精准内容。这里就有一个很重要的概念：自我。①

链接：本我、超我、自我

心理学、社会学等学科里有很多对“自我”的研究。下面看看心理学家弗洛伊德是怎么阐述“本我”“超我”“自我”这三个概念的。

- 本我（id）：根据唯乐原则（pleasure principle）行动，人们的行为受快乐最大化和逃避痛苦的基本需求支配。“本我”就是“派对狂”（party animal）。
- 超我（superego）：通过个人的道德心或良心，阻止自我寻求自私的满足。
- 自我（ego）：是介于“本我”和“超我”之间的系统。它在某种程度上是诱惑与道德间的调解者。“自我”试图根据现

① 资料参考：道格拉斯·霍尔特，道格拉斯·卡梅隆，《文化战略》，商务印书馆。

实原则（reality principle）平衡这两股相反的力量，以此通过外界所接受的方式来满足“本我”。

弗洛伊德的观点说明存在这样一种可能性：“自我”依靠品牌的象征意义来调解“本我”的需求与“超我”的禁止之间的矛盾。人们通过使用象征潜在欲望的产品，使不被接受的欲望通过被接受的途径得到宣泄。这就是品牌赋予产品的象征意义与消费者动机之间的关系：品牌象征或代表了一个消费者的真正目的，这种目的是不为社会所接受或难以达到的。通过获得有品牌价值的产品，个人可以替代性地尝到“禁果”。[①]

从品牌话题到品牌爆点话题：引爆点是什么？

那么，怎么制造品牌爆点话题呢？也就是说：要给品牌话题注入什么样的引爆点，才能让话题精准地爆起来呢？记住一点：几乎所有的品牌爆点话题都来自——“理想自我”和“现实自我”之间的矛盾与冲突。

在制造品牌爆点话题时，营销从业者要不断撕开目标用户“理想自我”和“现实自我”之间看似不可逾越的鸿沟，挑起这两个“自我”之间的矛盾，让他们感受到：在成为“理想自我”的路上，是

① 资料参考：迈克尔 R. 所罗门，《消费者行为学》，中国人民大学出版社。

多么艰难与不易；现实是如此直白甚至惨淡。但是，这个品牌可以帮助我、治愈我。很多时候，品牌就是帮助我们完成自我人设的良药，品牌就是强化身份的安全罩。

注意，这里的“理想自我”包含三个层面的“理想”：

- 自我的理想——自己想成为什么样的人？
- 他人的理想——他人想让我成为什么样的人？
- 外界的理想——社会大环境、规则约定俗成地认为：我应该成为什么样的人？

通常，品牌主会通过两种形式挑起“现实自我”和“理想自我”之间的矛盾。这两种形式就是品牌话题成为品牌爆点话题的引爆点。它们分别是：**“现实自我 = 理想自我”**和**“理想自我 = 现实自我”**。

引爆点 1：现实自我 = 理想自我

这个“自我”的等式意味着：我不会屈从于“现实自我”。我一定要想办法，克服各种困难、阻力，成为那个“理想自我”。例如，女性无论是注射玻尿酸、抽脂还是整形双眼皮等，都无所谓对和错，所有这些举动都是为了和当下社会对“美”的标准保持一致。例如，妻子、孩子、父母希望我们多陪伴在他们身边，我们就要抽出时间用心地多陪家人，珍惜和家人在一起的每一分、每一秒，成为他们眼中的“理想自我”。

接下来看两个案例。

案例：你是“光想青年”吗?

电商平台天猫的品牌标题是：理想生活上天猫。但是，生活中总有这么一群人，特别是年轻人：他们怀揣着美好的理想，但就是因为“懒癌”“拖延症”等“病症”，迟迟不肯行动。纵使你再规划了自己的理想生活，不去实现又有什么用呢？于是，在“618 理想生活狂欢季”期间，为了激发目标用户从“现实自我”走向“理想自我”，天猫创造了一个概念性话题：光想青年。

什么是“光想青年”？

天猫给出的官方解释是：总是光想，但从未行动，见下图。

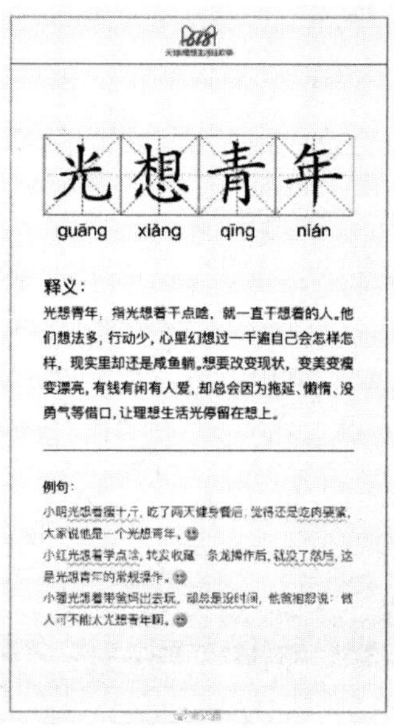

有关“光想青年”的故事和“标签人物”

为了进一步形象地展示“什么是‘光想青年’”，让年轻人清醒、明白地看清“现实自我”，并向他们呼吁是时候行动起来，迈向“理想自我”了，天猫策划了一条短视频和一组典型的“光想青年”式标签人物海报。

短视频：《这些光想青年怎么这个亚子》

这支短视频以戏谑的基调，讲述了三个“光想青年”的逗趣故事：光想帅气开车却只在游戏赛车里过瘾、光想征服雪山却总拿小区的假山练手、光想晒太阳美黑却只宅在家晒灯。以此倡导“光想青年”要摆脱“光想”，用行动去践行“理想自我”。

整支视频“沙雕文化”感满溢。“沙雕”是一个谐音梗，形容某事或某人愚蠢、白痴又好笑，是一种傻乐文化。沙雕文化的表现形式五花八门，有表情包、段子、视频，甚至具体的产品。2018年据称是“沙雕文化”的元年。它之所以近年来在网络上流行，主要是因为：“沙雕文化”在本质上瞄准了严肃文化这个标靶，进行或文字或影像的揶揄和解构，以其魔性和洗脑的内容为年轻人减压。例如，人们可以用表情包里的文字来发泄情绪。①

此外，视频标题里的“这个亚子”则取自“90后”童年热门剧“巴啦啦小魔仙”里，游乐王子那一口土味普通话说的段子之一“这个亚子”。可以说，这支鞭策年轻人“怎么从现实自我到理想自我”的短视频，没有用严肃的说教方式或什么走心的情感路线，而是用

① 资料参考：馒头商学院，《XX广告让你哈哈哈，你却不知它盛行背后的原理》。

当下正在年轻人群体里流行的文化元素，和他们心灵相通地表达赶紧实现“理想自我”。

除了视频，天猫还制作了一组典型性“光想青年”的海报，包括早睡界光想青年、恋爱界光想青年、旅行界光想青年、学习界光想青年、健身界光想青年、养生界光想青年，见下图。

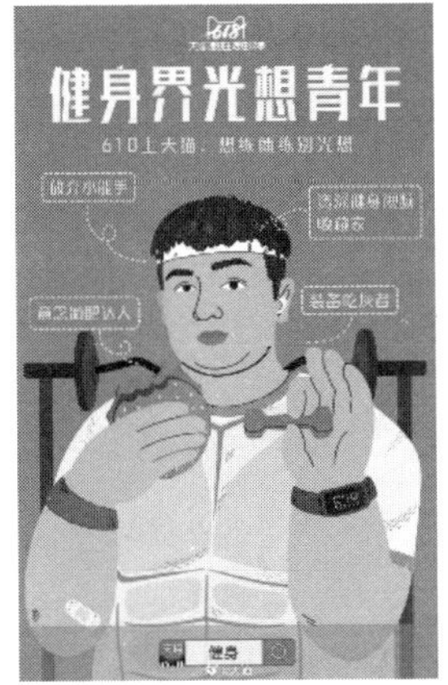

各界“光想青年”就是大多数年轻人的真实写照，以致有网友直呼：“说的差不多就是我了”“感觉有人在监视我”……

怎么让“光想青年”不“光想”?

如果“光想青年”的话题到此为止，似乎少了点什么。往“光想青年”的“光想伤口”上撒了把盐，但怎么治疗呢？为此，天猫发起了“光想青年选拔比赛”活动（见下图）。只要在天猫相关微

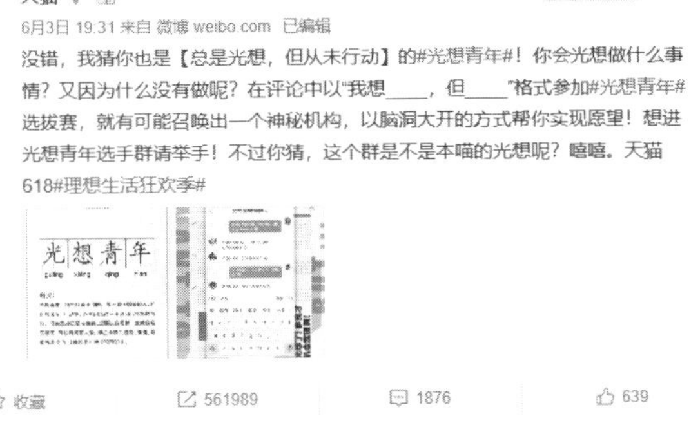

博的评论里以“我想 ____，但 ____”格式造句，参加#光想青年#选拔赛，就有可能召唤出一个神秘机构，以脑洞大开的方式帮你实现愿望！

最后，天猫精选了8个看似无厘头甚至不可能实现的“光想心愿”，如“这个夏天，我想一天三顿都吃西瓜，但懒得去水果店”“我想找个对象帮我还花呗，但我连对象都没有”“我想变瘦，但还是控制不住嘴巴”“我想每天都很旺，但连微博抽奖都与我无关”……

天猫联合各大品牌，助推“光想青年”实现“理想自我”。例如，“我想每天都很旺，但连微博抽奖都与我无瓜”的“光想青年”们，有可能得到一年份的旺仔食品。“我想要做自己爱做的事，但一直没有勇气和决心”的“光想青年”们，有可能得到冈本安全套。“我想要穿比基尼去沙滩，但是我嫌弃自己不够热辣”的“光想青年”们，有可能得到100包卫龙辣条。

这也正如天猫之前的承诺，确实是以“脑洞大开”的形式让“光想”不再“光想”。只是，让“光想青年”实现“理想自我”的这种方式，商业目的太过明显。

“光想青年”这个品牌话题也获得了一些媒体的关注、报道。这些媒体认为“光想青年”其实是当今在年轻人群体里普遍存在的

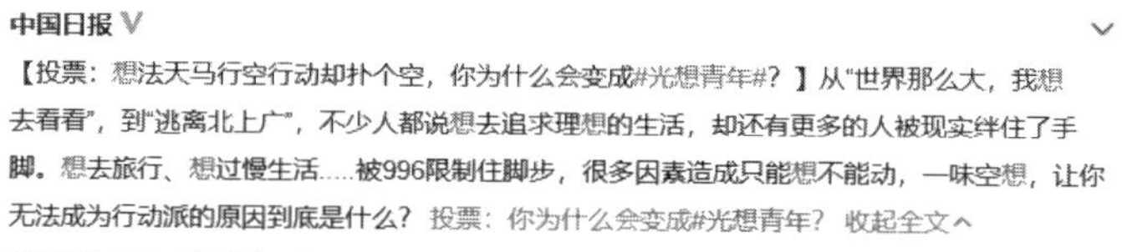

中国日报 V

【投票：想法天马行空行动却扑个空，你为什么会变成#光想青年#？】从“世界那么大，我想去看看”，到“逃离北上广”，不少人都说想去追求理想的生活，却还有更多的人被现实绊住了手脚。想去旅行、想过慢生活.....被996限制住脚步，很多因素造成只能想不能动，一味空想，让你无法成为行动派的原因到底是什么？投票：你为什么会变成#光想青年？ 收起全文^

06月05日 17:01 来自 微博 weibo.com

一种社会现象，他们欠自己一个行动。例如，中国日报在微博发起了“你为什么会变成＃光想青年？”的投票，引起广泛关注。

案例：你听过“此刻，做自己的主”这个话题吗?

你听过“此刻，做自己的主”这个话题吗？你可能感觉没听过，但好像又听过。因为这类品牌话题太多了，你有了一定的免疫力，听后没什么印象了。那么，你听过“4小时后逃离北上广”这个活动吗？你很可能会说：“听过，这不就是新世相做的吗？”没错。但这个活动的真正主角却不是“新世相”这个媒体，而是一个品牌主：航班管家（一款旅行类手机应用）。这个活动的背景是：航班管家找到新世相，希望通过某个主题活动表达自己一直在传播的品牌话题：“此刻，做自己的主”。该话题旨在鼓励人们勇敢追求自己心中的那个自己。

先来看看“4小时后逃离北上广”活动的进行过程。

活动前一天，@新世相 微博发布一条消息：

周五早上8点，我会在【新世相】发起一个行动：#4小时后逃离北上广#。规则暂时保密，保证让你动心，抛弃所有借口，追不敢追的东西，去去不了的地方。这是我花了很长时间跟@航班管家和@一直播准备的一件大事。细节明早（周五）公布，建议提前准备好行李。

当天晚上9:28分左右，新世相在它的微信公众号上推送了一篇文章，题为《我刚刚决定不结婚了——18个说干就干的故事，和18个想逃逃不掉的故事》。内容摘要：“明早8点，我带你马上离开。”

第二天早上7:59分，新世相提前一分钟推送了前一天许诺的文章：《我买好了30张机票在机场等你：4小时后逃离北上广》。内容摘要是："没有犹豫的时间了，你拎着包来，我就送你走。"与此同时，@新世相 微博也发布了"4小时后逃离北上广"的活动详情，如下图。

从活动曝光开始1.5小时后，新世相微信公众号图文阅读量超过10万次；3个小时后，阅读量超过百万次，公众号增加粉丝量10万个。微博上，活动进入热搜。但是，这个活动给航班管家带去了多少APP下载量，没有相关资料显示。

活动到此画上句号。整个过程中，航班管家用自己的微博账号发了几条微博，和@新世相进行了互动，但效果不甚理想，如下图。

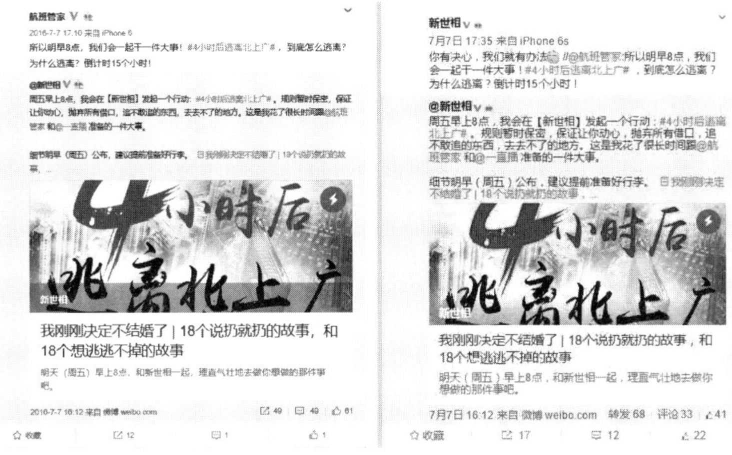

活动的30张机票背面印有航班管家的品牌话题：“此刻，做自己的主”。

航班管家在自己的APP里给出了一个闪屏页，但是APP里面没有任何专题页面来承载运营“4小时后逃离北上广”的活动，如右图。

其实，航班管家没有空喊一句华而不实的口号“此刻，做自己的主”，而是把这个品牌话题通过一个充满故事性的活动来演绎——这点是值得学习的。“4

小时后逃离北上广”的活动主题之所以引人关注，是因为它来自于近年一线城市打拼的人们热衷于讨论的一个“两难”问题：是继续留在生存压力大的北上广深辛苦打拼，实现自我的价值，还是放弃梦想，回到二三线城市过轻松的生活？百度百科上也早已挂起了“逃离北上广”的词条，如下图。

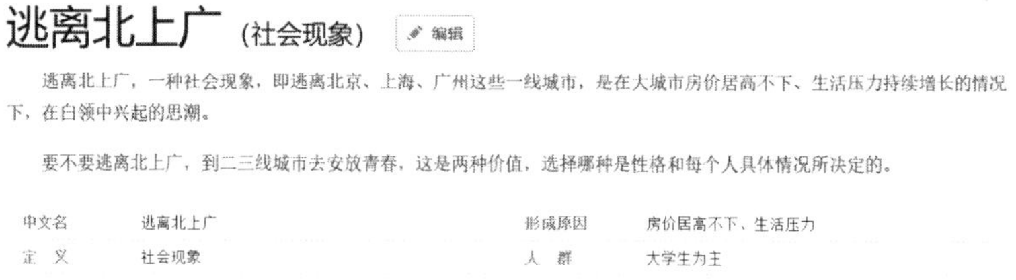

逃离北上广 (社会现象) 编辑

逃离北上广，一种社会现象，即逃离北京、上海、广州这些一线城市，是在大城市房价居高不下、生活压力持续增长的情况下，在白领中兴起的思潮。

要不要逃离北上广，到二三线城市去安放青春，这是两种价值，选择哪种是性格和每个人具体情况所决定的。

中文名	逃离北上广	形成原因	房价居高不下、生活压力
定　义	社会现象	人　群	大学生为主

知乎上也设有“逃离北上广”的话题，且网友讨论积极（见下图）。[①]

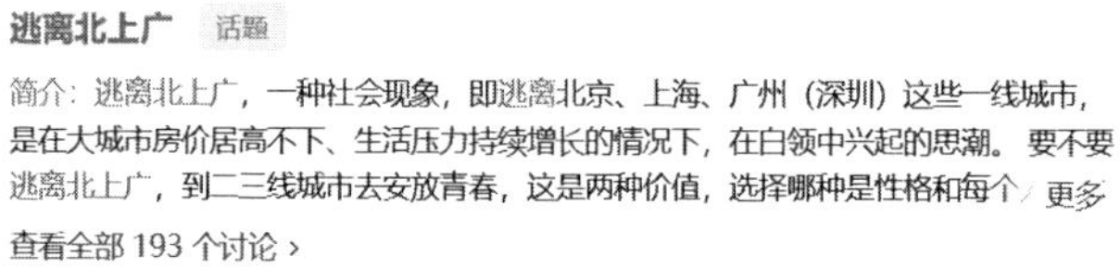

逃离北上广 话题

简介：逃离北上广，一种社会现象，即逃离北京、上海、广州（深圳）这些一线城市，是在大城市房价居高不下、生活压力持续增长的情况下，在白领中兴起的思潮。要不要逃离北上广，到二三线城市去安放青春，这是两种价值，选择哪种是性格和每个 更多

查看全部 193 个讨论 ›

可以说，航班管家和新世相借用了这个社会热点问题“是否要逃离北上广”，通过给出肯定答案“逃走”，并真正给到对这个问题深有感触的人们一个逃跑的动力、一次“做自己的主”的机会，来演绎“做自己的主”这个话题。所以，品牌话题要治愈人们内心对自我认知的迷茫与焦虑。

① 资料参考：夏泽峻，《新世相：4 小时后逃离北上广》。

遗憾的是，很多人只记住了“新世相”和“4小时后逃离北上广”的关系，甚至以为新世相是这个活动的唯一发起方。至于航班管家想表达的关于自己品牌的话题“此刻，做自己的主”，却没有给人留下什么印象。为什么会出现这种情况呢?

最重要的原因是，航班管家在“4小时后逃离北上广”的整个活动中是个“局外人”。它只是作为机票的免费提供方（当然也是广告主），露出在例如机票等活动物料里，但并没有真正地参与到“逃离北上广”的活动中。而且，“4小时后逃离北上广”的故事只是开了个头，但这个故事还没有讲完。关于这点，本章的“怎么给品牌话题的引爆点加‘燃料’？”里将详细分析。

引爆点2：理想自我=现实自我

“理想自我=现实自我”和前面的“现实自我=理想自我”是反其道而行之的。我为什么要用别人或整个社会的价值观、理想标准决定自己成为一个什么样的人呢？我就是现实中那个真实存在的自我。

例如，近年，越来越多的女性品牌开始意识到这样一种“返璞归真”的“美丽回归”趋势。有一次，笔者在逛快时尚品牌Monki时，在玻璃橱窗里惊喜地发现了一张海报。一堆身材姣好的瘦模特里，一位丰满微胖的模特灿烂地微笑着，如下图。这不就折射出了人们对“什么是美的自我”的理解再也不是过去“以瘦为美”的单一价值观了吗？人们也开始逐渐接受“胖子也能美”的现实。所以，最好的“理想自我”就是承认“现实的那个自我”。

案例：这些话题有没有让你重获自信?

近年，越来越多的美妆、护肤品牌围绕着女性“真实美”“天然美”等开展品牌话题，旨在让女性树立对自己外形、人生的自信。但是，真正被广大女性接受，能带给她们心理疗效的品牌话题又有几个呢?接下来看看多芬发起的以“真美”(Real Beauty)为主题的营销战役。

早在2004年，多芬就在北美和欧洲市场发起了以“真美”(Real Beauty)为主题的营销战役，以此表现多芬的品牌理念——鼓励女性寻找真正属于自己的美丽。十多年来，多芬持之以恒地围绕着“真美”，在世界各地发起了各种品牌话题，其中不少成为引人关注的爆点话题。而“真美”的本质就是理想自我＝现实自我。这些话题解答着广大女性对自我价值的困惑、犹疑。

为什么女性会羡慕别人拥有的外貌和身材?

为此，多芬发起话题#Change One Thing(改变一件事)，想告诉女孩们：改变你们的态度能让你们拥有自信，并根据这个话题，讲述了一个有趣的故事：一个卷发女孩渴望拥有一头顺滑的直发。而镜头转向直发女孩时，她却对自己的直发同样不满意，渴望拥有卷发。也许我们每个人都只是从自身视角出发去观察自己，却忽视了自己拥有的是别人没有的。

为什么女性很在意在社交媒体上发的照片获得的点赞数和评论数?

为此，多芬发起话题 #No Likes Needed（不需要点赞）。多芬想告诉那些不自信的女孩：你并不需要在乎社交媒体上收获了多少个“赞”，唯一值得的“赞”是你自己给的。除非你自己接受、喜欢自己，否则一张自拍即使有几百个点赞，也是没有任何意义的。

为什么女性总认为自己长得一般，人生就注定一般?

为此，多芬发起话题“你是很美，还是一般？”。多芬在通往百货商店的两扇门上分别放着“很美”和“一般”的标签，请走进百货商场的女性做出选择：认为自己很美？还是一般？究竟走哪扇门？同时，多芬拍摄记录现场每个人的不同选择，观察女性是怎么给自己贴标签、进行自我认同的。

多芬发现，更多女性将自己归为“一般”，而不是“美丽”的人群。关于这个话题，多芬还采访了来自 20 多个国家、年龄在 18 岁到 64 岁的 6400 名女性。数据显示，96% 的女性不认为自己好看。但是，有 80% 的女性认为每个女人确实都有一些动人之处。看来，即便不认为自己美丽，每个女人都能从自己的身上找寻到他人无法取代的气质和特色，这就有助于女人找到自己的“真美定位”，树立自信心。

为什么这个社会有那么多认知偏见束缚着女性对美的追求?

为此，多芬发起话题#My Beauty My Say(我的美丽我来定义)。多芬采访了9位来自不同职业领域的女性。采访中，每一位女性都会由于对自己的外表不自信而受到一些压力。例如，因为漂亮而被认为不能打拳击，因为年华逝去就不能穿漂亮衣服……这其中也有因为肥胖而受到周围压力的女孩。

“我的美丽我来定义”的话题来自于多芬的一项全球调查。在《多芬全球美丽与自信报告》里，多芬发现全球有70%的女性认为，人们对自己外形的赞扬远远大于在专业领域所获成就的肯定。多芬的市场营销总监Jennifer Bremne表示：“现在正是女性打破传统，挑战这些刻板印象的关键时候——让整个社会意识到女性美的全新定义。在‘My Beauty My Say’的鼓励下，我们希望全世界的女性能够勇于战胜那些贬低自己成就的偏见。”

为什么白嫩肌肤才是美的?

为此，多芬发起话题“肌肤如我 美敢不同”。多芬请来了包括奥运跳水冠军郭晶晶在内的6位女性代表讲述她们的肌肤故事，向广大中国女性分享她们在追寻心中梦想的道路上肌肤发生了怎样的变化，以及她们对肌肤之美的定义。

例如，为了取得好成绩而一遍遍练习直到皮肤起皱的奥运跳水冠军，不愿伤害珊瑚所以不涂防晒霜导致皮肤黝黑的潜水教练，已经70多岁但为了练习跳舞肌肤经常淤青的钢管舞爱好者……然而在白皙无暇的肌肤才最美的定义下，这些干燥、黝黑、有伤痕的肌肤是不被欣赏的。通过“肌肤如我美敢不同”这个话题带来的故事，多芬希望让更多的中国女性发现曾被当作问题的肌肤变化，其实是专属于自己的肌肤故事，保管着自己在成长过程中的独特经历，是美丽的印记。美，不止一种。

……

事实上，多芬关于“真美”发起的话题及讲述的故事在内部也引起过争议：当品牌在讨论有关“真美”的各种话题时，故事画面里呈现的大多是没有了美丽外表或性感身材的女性。这样做，是否会少了吸引消费者的元素?（广告界流传着一个视觉元素的3B原则：Beauty、Beast、Baby（美女、野兽和儿童）。3B原则的首位要素就是美女。）这些撕破了美女神话外衣的话题、故事里，也几乎没有关于产品卖点的阐述，甚至品牌的露出。

但是，事实证明，自从开始了关于“真美”的讨论后，多芬产品的销量增长了40%。为什么?如前面所述：多芬设置的这些话题解答了广大女性对自我身份、价值的困惑、犹疑。她们在这些话题里发自肺腑地体验了自身渴望的理想和价值，获得社会认同。于是，这些女性用户就会趋于认为多芬的沐浴露等洗护产品更好用、更适合她们。由此，也就产生了和品牌的情感共鸣。[①]

案例：明目张胆的自私自利是一种什么感觉?

作为英国一年一度最重要的节日之一，圣诞节意味着分享与馈赠。对很多人则预示着：他们要把有限的购物预算中的绝大部分用于买礼物，赠送给他人。而如果大部分的钱都花在自己身上呢？这样做当然会显得很自私。

但是，这显然违背了一些人无法抑制的为自己消费的冲动。那么，人们到底应该展现那个内心被购物欲望填满，想疯狂给自己买东西的“自我”，还是别人眼中那个大方分享的“自我”呢?

英国高端百货商店 HARVEY NICHOLS 决定让这些人做回“自私的自己”，它发起了话题 # Sorry, I Spent it on myself（对不起，我就是要把钱花在自己身上），号召人们释放自己的购物激情，在圣诞节这一不同寻常的时刻将更多的钱花在自己身上。当所有品牌都在鼓吹着珍贵礼物要送给最爱的人时，当人人都在期待一份丰厚的圣诞礼物时，辛苦了一年，为什么不犒劳一下自己，给自己买点好的呢?

---

① 资料参考：徐雷，《多芬：在美容至上的年代销售真实之美》。
胖鲸智库，《越来越多的品牌帮女性做自己，为什么多芬能击中人心？》。

值得一提的是，HARVEY NICHOLS 的这个话题 # Sorry, I Spent it on myself（对不起，我就是要把钱花在自己身上）也变成了一个典型的“内容型产品”（想想第 3 章里说到的打造内容型产品的策略之一：制造反向落差）。HARVEY NICHOLS 特地为这个话题量身定做了一系列廉价的小商品。例如，平时怎么也拿不出手送人的回形针、橡皮筋、牙签、菜瓜布、水槽塞、饼干等，这些礼物的包装袋里还附上了一句赤裸裸的“Sorry,I Spent it on myself”(对不起，我就是要把钱花在自己身上）。更扎心的是，这些廉价的礼物都被实实在在地放上了货架，并纷纷贴上来自伦敦奢侈品百货 HARVEY NICHOLS 的标签，与送给自己的奢侈品牌——VALENTINO 鞋子等同步出售，如下图。

除此之外，HARVEY NICHOLS 还制作了一支以 # Sorry, I Spent it on myself（对不起，我就是要把钱花在自己身上）为主题的视频。视频分别选取了 4 个家庭场景：当爸爸、奶奶、丈夫、孩子满怀期待地拆开女儿、孙子、妻子、妈妈送给他们的礼物时，却发现是回形针等不值一提的廉价商品；但与此同时，送礼物的人却给自己买了名牌鞋子、包和裙子等昂贵的商品。他们还脸不红、心不跳地欣赏、爱抚着送给自己的礼物。这些画面真让人哭笑不得。但是，哪怕真的送了回形针也是不错的，视频里的老奶奶已经表态了：“好歹也是 HARVEY NICHOLS 的回形针呀。”

Sorry, I Spent it on myself（对不起，我就是要把钱花在自己身上）的营销战役在戛纳国际创意节上大放异彩，除了获得促销类全场大奖外，它还得到了影视类的全场大奖。评审认为：它的创意，更具策略性，帮助品牌主解决了实际的销售问题。这样的话题既给了人们一个堂而皇之自私的理由，又带来了可观的销量转化。[①]

怎么给品牌话题的引爆点加“燃料”？

当营销从业者根据“现实自我 = 理想自我”“理想自我 = 现实自我”这两大引爆点设置了品牌话题。接下来要面对的一道难关就是：为引爆点注入燃料，让话题爆起来，即怎么操盘这个品牌话题，

① 资料参考：谢欣，《有想法才动人，今年戛纳国际创意节最值得一看的 5 件作品》。

让它带来源源不断的精准流量，从而转化为销量、口碑量、品牌印象量。这里的“燃料”如下图所示。

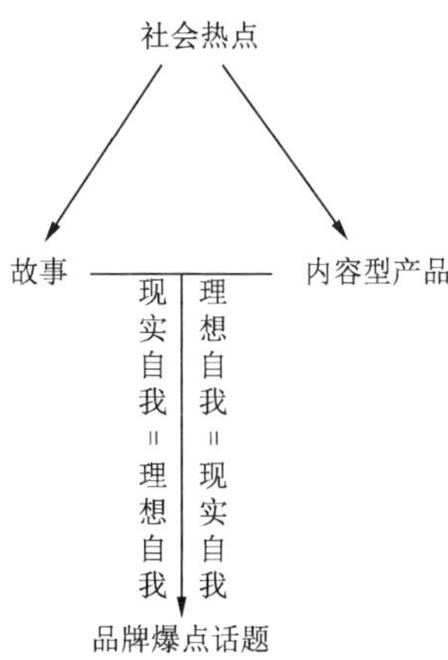

也就是说,只有通过被注入了社会热点的故事或者“内容型产品”（当然，也可两者都有）来表现、演绎这个品牌话题，它才有可能真正地爆起来。否则，这个品牌话题就是枯竭的，只是空喊口号式的摆设罢了。

为品牌话题打造故事和内容型产品

再次强调：品牌爆点话题不是一句话的说辞，它要能延展出故事或内容型产品。“话题”本身不是目的，而怎么围绕话题讲故事，或者根据话题打造“内容型产品”，并将它们有效地传播出去，这些才是最重要的。也只有这样，品牌话题才能真正地被引爆，成为能带来精准流量的精准内容。所以，与其说竞品之间比拼的是哪家的品牌话题更出彩，还不如说比拼的是品牌话题背后谁家讲故事、迅速生产“内容型产品”，即操盘这个品牌话题的能力更强。

围绕品牌话题来讲故事，要充分发挥讲故事的艺术（推荐大家去读 Robert McKee（罗伯特·麦基）写的《故事》）。品牌可以围绕话题讲一个故事（例如，航班管家和新世相合作的“4 小时后逃离北上广”），也可以讲系列故事（例如，多芬的“真美”行动）。此外，故事需要设计情节和人物；还要把故事讲完，不能没有了下文，成了“烂尾楼”。

回到前面分析的案例：航班管家和新世相合作的“4 小时后逃离北上广”。这个很有故事性的活动在新世相推出相关的微信公众号文章当天就停止了，没有后续的故事延展。最终谁获得了这 30 张机票，逃离了北上广？他们为什么要逃离北上广？他们逃到了哪座城市，做了什么？这些疑问都没了下文。也就是说，“4 小时后逃离北上广”还称不上一个故事，它只有故事主题。而如果故事要继续延展下去，航班管家是可以更深入地参与其中的。例如，在自己的 App 里设专题故事页；或者对于没有抢到这 30 张机票的人，如果有逃离北上广的决心，可以登录航班管家 App，订机票、管理旅行行程，享受一定的优惠和便利等。但是，这个故事戛然而止，难免让人觉得这像是一场作秀活动，以及全然忘了还有航班管家参与。

除了为品牌话题讲故事，还可以打造“内容型产品”。例如前面分析的案例：英国高端百货商店 HARVEY NICHOLS“以身作则”，亲自实践自己发起话题 # Sorry, I Spent it on myself，推出了送给别人的“抠门礼物”：回形针、橡皮筋、牙签、菜瓜布等，以此制造反向落差，让收礼人大跌眼镜。

不要蹭社会热点

不管是为品牌话题制造故事，还是打造“内容型产品”，我们都要想方设法地为它们注入社会热点。但是，首先要明确的是该以什么样的态度面对社会热点。笔者不赞成“蹭热点”这个说法。“蹭”只是搭顺风车，但这个热点始终不是企业自己的。要利用社会热点，把它变成企业自己的品牌故事，从而沉淀为品牌资产。

那么，有哪些社会热点值得利用呢？可将社会热点分为“显性社会热点”和“隐性社会热点”。

显性社会热点就是那些可预测的、显而易见的社会热点。例如，重大或特殊的节日、体育赛事、大型活动、流行文化、明显的社会现象等。隐性社会热点则是那些需要营销从业者预测的有可能会兴起的文化、社会现象、生活方式等。（第 2 章详细分析过：营销从业者要学会通过“人口学统计特征 ×（社会环境变化 + 价值观）”来预测消费者的需求。）

不管是显性社会热点还是隐性社会热点，需要特别指出的是：营销从业者一定要对媒体已经报道的、关注的社会现象，某些机构发布的行业报告等保持高度的敏感性，将它们及时纳入到演绎品牌话题的故事或“内容型产品”里。例如，前面分析的航班管家和新世相借助社会热点话题发起的活动“4 小时后逃离北上广”，天猫的“光想青年”及其充满当下流行的“沙雕文化”的故事视频；以及多芬在中国本土策划的品牌话题“肌肤如我美敢不同”。在讲述话题故事时，多芬引入了专注在舞蹈、潜水、旅行、陶艺等领域的女性代表，分享她们的肌肤在追逐热爱的过程中发生了哪些变化，以及她们对这些变化的看法。这些女性代表也是媒体喜欢采访、报道的新时代女性。

《文化战略》一书作者对这点有着极为深刻的见解。他认为：“企业要积极地介入有争议性的全国性议题，利用公众的关注和兴趣，而不是试图从起点开始制造一个媒体轰动。那些企业自己试图制造的所谓‘病毒营销’‘热点’，有时候，即便他们成功地制造出了热点，其效果往往也是表面的，很难改变人们对于品牌的观念。”

案例：这个利用热点的故事是怎么让品牌话题重燃生机的?

2015 年，宝洁旗下的高端护肤品品牌 SK-II 发起了一个大话题：改写命运。这个品牌话题的第一个传播阶段是由传统的明星宣传短片开启的。

SK-II 首先在日本发布了著名的芭蕾舞蹈家仓永美沙为品牌拍摄的主题宣传短片，正式宣告在全球范围内开启“改写命运”。这部短片讲述了仓永美沙勇敢挑战自己，成为首位亚洲籍波士顿芭蕾舞团首席舞者的心路历程。此后，SK-II 还陆续邀请到品牌代言人凯特•布兰切特、汤唯、eBay 首席战略官等不同领域的明星加入“改写命运”的话题探讨中，拍摄了各自的宣言短片。

但是，从之后的反响来看，这些短片的传播效果和其他美妆品牌邀请明星撑起的宣传视频似乎没有什么区别。“在最开始做‘改写命运’项目的时候，我们拍摄了短片，借助很多媒体来推动，但是这样并没有引发消费者的讨论与沟通。可以看到，当你向消费者强加一个信息时，他们不会接受。” SK-II 全球 CEO Sandeep Seth 说。

于是，SK-II 决定换个角度，直面当今普通人世界里的热点现象，例如，剩女——这有可能是近年来中国这个区域市场女性所遭遇的最热，也是争议最多的问题。于是就有了《她最后去了相亲角》这个刷爆微信朋友圈的视频故事。

暂且不论从讲故事的角度出发，这条广告片拍得怎么样？SK-II 围绕着一直以来倡导的“改写命运”大话题，鼓励大龄单身女青年无惧“剩女”的身份标签。“剩女”并不是它的字面意思：剩下来的女人。“剩女”是一种生活态度：“她”仍然保持着对爱情的渴望，但是要自主决定自己的人生道路，这点远比固守传统重要得多。

整个故事对“剩女”价值观的转折点发生在极具中国特色的“相亲角”里。在中国的许多城市，“相亲角”看起来就像一个“交易市场”。父母着急地帮儿女们张贴征婚广告，列明身高、体重、薪资、性格等“硬件”指标，相互比较、选择。“相亲角”象征着两代人对婚姻持有的不同观念。

短片中，接受采访的女性都表示，她们虽然渴望选择自己的人生道路，但又不希望辜负父母的期望去建立家庭。这种两难的境地让她们身心疲惫。SK-II 期待帮助面临这种压力的女性，为父母和儿女建立一个互相理解和尊重的平台。短片中，SK-II 在上海市人民广场的“相亲角”，用独特的“征婚广告”打造了一个巨型的艺术品，实际上那并非“征婚广告”，而是数百名独立女性希望主宰自己命运的心声，如下图。

这个“剩女”的热点故事也给 SK-II 带来了意想不到的传播效果和销售成绩。在“相亲角”广告推出后的 9 个月里，SK-II 销售暴涨了 50%。宝洁相关高层就表示：“‘相亲角’广告帮助 SK-II 赢得了职业女性和女性高管类型消费者，并在零售商和消费者身上产生了积极情绪。”①

所以，要打造品牌爆点话题，为品牌带来精准流量（最终转化为销量、口碑量），很多时候，问题不在于这个话题的名称多有创意、多出人意料。毕竟，品牌话题要解决人们对自我的认知需求，而“理

① 资料参考：联商网，《复盘 SK-II 相亲角广告 它凭什么让销售额暴涨 50%》。

想自我”折射的普世情感往往就只有那么几种，例如勇敢、真爱等。问题的关键是：怎么找到让人印象深刻的故事或“内容型产品”来演绎这个话题，而品牌主在这个话题里的角色又该如何把控。

打造品牌爆点话题的三大误区

最后来说说“打造品牌爆点话题的三大误区”。

误区一：不是有争议的话题才能成为爆点话题，但是“有争议”比“没争议”好

有些营销从业者在头脑风暴品牌话题时，往往抱着一种急功近利的“一夜成名心态”，希望话题能立即成为爆点，引发人们的激烈讨论。不管这个话题是往品牌脸上贴金还是抹黑，只要能火就行。近年来，业内还有这样的观点：只有能引发争议的话题才有营销价值。然而，什么才是“有争议”的话题？怎么理解“有争议”呢？

这里的“争议”包含两个关键点。第一个关键点，在制造品牌话题时，企业就要有“会受争议”的心理准备，即这个品牌话题及其延展的故事和“内容型产品”没法讨好所有的人，必定会有人站出来反对、批评。因为如本章开篇所说，品牌话题就是要解决人们对自我认知的需求，而每个人的“自我认知”不是千篇一律的，每种“自我认知”的背后都有一种价值观在支撑。（再次强调本书第

2 章提到的“消费者需求 = 人口统计特征 ×（社会环境变化 + 价值观）”）这也符合“精准内容”要带来“精准流量”的观点——与其关注更多的流量，不如关注你所在乎的精准流量。如果品牌主试图取悦每个人，制造的品牌话题、讲述的品牌故事终将无法精准，最终只能沦为平淡乏味、没人愿意谈论的话题。

品牌就像人一样，既然选择认同了某种自我认知后的价值观，就要接纳、承受它背后的喜欢和不喜欢的声音。品牌主与其想着策划的话题让每个人都欢心，还不如把自己放开些，接受“不是所有人都喜欢我”的大实话。放弃面面俱到的心态。这样，自由度反而会大很多。争议比不争议好。毕竟，企业只要传播自己的品牌，就会发生对话，只要有对话就很可能有争议。

第二个关键点，别忘了，“争议”也是有警戒线的。那么，什么“争议”不能碰呢？就是那些在价值观上玩花样的话题。这些话题试图通过扭曲一种正面的价值观来引发人们对话题的关注。这种不正的价值观带来的争议反而会给企业带来危机。

案例：“不涂口红的你和男人有什么区别”引发的负面争议。

有网友在微博上曝光了一张某知名电商平台的美妆快递箱的照片（见下图），箱子上写着：“不涂口红的你，和男人有什么区别。”

这句话引起了很多网友的不满，纷纷表示抗议。一些女性网友就表示：这不就是赤裸裸的性别歧视吗？自己从来不涂口红，难道就不是女人了？此外，女交警在执勤的时候是不能化浓妆的，所以她们很少涂口红。但是，还是有很多人觉得这些女交警很有魅力。

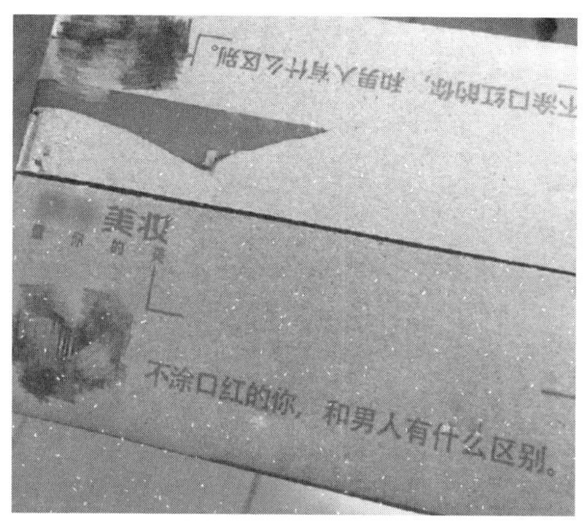

救死扶伤的女医生也不能涂口红。还有很多女兵不爱红装爱武装，她们在泥潭里摸爬滚打，为祖国奉献着自己的青春，谁说她们不爱化妆就不美了？

一些男性也涂上了口红，抗议该电商平台刻意制造的话题“不涂口红的你，和男人有什么区别”，并在微博等社交平台引起广泛关注。

但是，一些该电商平台的员工也在社交媒体上为这个品牌话题打抱不平，如下图。

员工[5]V

这句话的意思是女人爱美是对自己负责任的体现，在很多场合特别是国外，女人不化妆是一种不礼貌的体现。有些**的理解能力和眼界确实短浅，人长的丑就罢了，对世界观的认知都没有

员工[5]V
面试都需要精心打扮自己更何况一些正式场合，喷子们就自嗨去吧

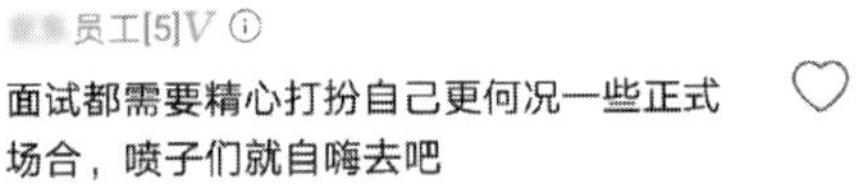

也许“不涂口红的你，和男人有什么区别”本意想表达的是女人爱美是尊重自己、尊重他人的表现，没有人有义务透过你不修边幅的外表看到你美丽的心灵、智慧的头脑。但是，用这样扭曲了正向价值观的话题来挑起“现实自我”与“理想自我”的矛盾，着实有挑拨离间之感。还是那句话“伤自尊了！”这就是在价值观上玩花样的后果。

该话题迅速“发臭”后，还有一些营销从业者认为：这个话题让人们迅速知道了该电商平台的美妆，原来在该平台上也可以买化妆品了，扩散了品牌的知名度，一改以往目标用户主要是理工男的印象。但是，这种“争议＝危机”的品牌话题越是扩散，难道不会越招致人们的厌恶，对品牌越是一种伤害吗?

事后，该电商平台的美妆官方微博公开道歉，承认这是一种官方营销噱头，并对广大女性造成的不良影响予以道歉。

误区二：品牌话题不能只“爆”不“收”

品牌话题要能治愈人们的焦虑，缓解社会压力。有时，它就像一剂心理良药，帮助人们重新找回生活的目标。但是，一些企业在策划品牌话题时，往往只追求“扎心”了，把消费者刺痛后，挥一

挥衣袖，不带走一片云彩，没有留下“药方”，或强行让消费者吃自己的“广告药”。这就是典型的只“爆”不“收”。

案例：“年纪越大，越没有人会原谅你的穷”，但是又能怎样呢？

某知名第三方支付平台联合16家基金公司推出了一组GIF海报，主推的话题是：年纪越大，越没有人会原谅你的穷。有网友开玩笑说：“光看这个话题，就已经感受到100 000 000点的伤害了。”这组海报的内容如下图。①

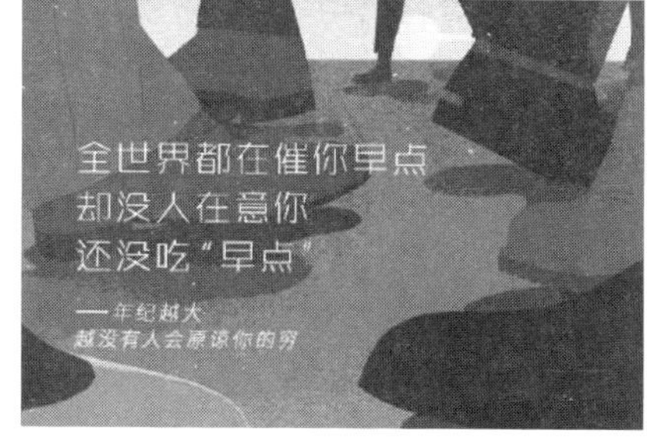

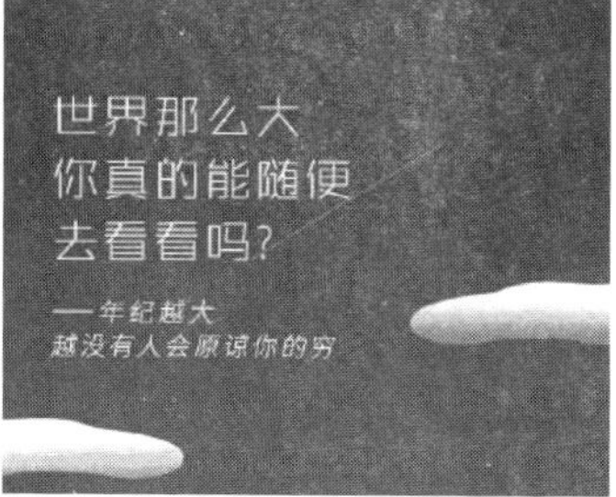

① 资料参考：爱上微课堂，《年纪越大，越没有人会原谅你的穷！》。

“年纪越大，越没有人会原谅你的穷”话题及其带出的文案确实是大实话，说到很多人心坎里了。但是，这种话题让人产生了对惨淡现实无力回天的感觉。正如网友对这个话题的总结：“丧格满分，文案高分，情怀零分，良心负分。”对此，该第三方支付平台也回应称：“该组广告并非其广告，该品牌从未参与任何策划、制作、发布。”

诸如此类的话题就是典型的只“爆”不“收”。在目标用户的伤口上撒盐后，却不给出有效的安抚剂。虽然每张海报的末尾都写了“让理财给生活多一次机会”等，但这并不是解决方案。这就是一种把人攻击得体无完肤后，然后生硬地说“来买我的产品吧”，反而让人生厌。人们凭什么相信你的产品就能解决这些扎心的问题呢？

正如宝洁大中华区品牌营运与媒介部及消费者洞察部副总裁何亚彬在评价 SK-II 通过“剩女”的故事成功操盘“改变命运”的大

话题时所说的：“一个有态度和价值观的营销，基本态度是帮助消费者解决一种焦虑，而非随便蹭一个社会话题。这正是其他品牌试图复制 SK-II 时可能忽略的关键点。SK-II 找到自己品牌的消费者特别焦虑的一件事，然后做出了一点点努力。这个过程真的很感性。”

误区三：品牌爆点话题不是做一次就一劳永逸的

不要幻想你成功操盘了一次品牌话题，让它成为爆点，让品牌一夜间成名，从此就可以高枕无忧，吃一辈子老本了，消费者会永远记住、喜欢你的品牌。这是不可能的。品牌爆点话题的“爆点”分为大爆点和小爆点。营销从业者要持续地为品牌制造话题，并通过故事（讲故事的方法可以多种多样，例如海报、视频、新闻稿等）或“内容型产品”演绎话题，保持一定频率的持续爆破。用一句形象的话来说就是：小火慢炖，大火烧开。例如，本章分析的案例：坚持了十几年的多芬“真美”行动等。

正如本章开篇所说：对任何企业而言，品牌建设是一项永恒的工作。那么，制造品牌爆点话题又怎么能停下脚步呢？

第6章

精准内容：怎么策划让人们有购买欲的内容？

至此，我们已经学习了怎么打造能自营销的“内容型产品”，从而实现“产品即内容，内容即营销”。还介绍了从品牌层面怎么制造品牌爆点话题。在本章中，落地到具体的传播内容上，谈谈怎么策划让人们有购买欲的内容。

一般来说策划让人们有购买欲的内容有四大策略和常见的七大方法。这四大策略分别是：心理捷径、分解购买、融入情境、找准对象。常见的七大方法分别是：夸张、类比、对比、赞美、挖苦、改编、数字。

值得一提的是，不管企业是在头脑风暴产品广告语，还是在抖音、小红书等渠道种草带货，又或者是运营私域流量，撰写朋友圈文案，设计客服话术等，本章详细分析的这四大策略、七大方法都具有普适性。

四大策略

策略一：心理捷径

怎么判断一个产品的质量是好是坏？怎么决定要不要相信一个

品牌？难道企业自说自话的“优质优价”“物美价廉”“你值得信赖”等，消费者就立即相信、买单了吗？当然不是。但是，如果不是这样，难道每次做出购买决策时，都要进行一系列复杂的心理计算吗？例如，找多个同类产品，反复比较它们的优点、不足，多方比价等。答案显然是不可能！因为这样做太耗时耗力。

为了迅速判断产品的特性、简化购买决策过程，往往会寻求一些心理捷径，也就是替代性的决策规则，以求不再纠结，速战速决。营销从业者可以抓住这点，在营销内容里铺设心理捷径。通常而言，有三条心理捷径可供选择。它们分别是“共变关系信号”“共同消费者”“抱大腿”。

第一：共变关系信号

之所以称为“共变关系信号”，是因为这些“信号”和产品质量、品牌价值存在着一种正相关的共变关系，即共变关系信号越接近目标用户的心理预期，他们就越会下意识地认为这个产品质量更好，品牌价值更高，从而不仅愿意为产品买单，还心甘情愿地接受它的价格。

营销从业者要牢牢把握并突出这些“共变关系信号”，用它们获得消费者的“第一眼信任”，进而愿意买单。

常见的“共变关系信号”有原产地、销售渠道、制造商或某种生产元素的历史长短、限量版、获奖、与时俱进的高科技以及销量等。接下来分别介绍。

原产地

消费者会把特定的产品和特定的产地（如国家）紧密地联系在

一起。一个产品的原产地常常是消费者判断产品质量的决定性因素。例如，一些中国父母只信任来自欧美国家的婴幼儿食品。那么，来自这些国家的婴幼儿食品的包装最好是全英文的，并醒目标注“原装进口”字样，不要觉得为了方便中国父母看得懂，就换成中文包装。

销售渠道

珍贵或独特的销售渠道会让消费者“由此及彼”联想到：这个产品和品牌是可靠或有特色的。例如，一些品牌费尽全力要入驻高档商场，就是为了提升自身的品牌溢价；或者一些产品只在机场销售。

制造商或某种生产元素的历史长短

消费者还会将产品质量、值不值得买与制造商或某种生产元素的历史长短联系起来。例如老字号、百年企业等。但是，成为百年企业谈何容易。于是，一些企业会强调自己的某种生产元素有着悠久的历史。例如，泸州老窖的核心产品“国窖 1573”的广告语“你能听到的历史 136 年，你能看到的历史 174 年，你能品味的历史 440 年，国窖 1573”（当然，随着一年又一年过去，除了“1573”，其他数字会不断变大）。这里的“440 年”指的就是泸州老窖公司拥有的酿酒窖池诞生于公元 1573 年，即明朝万历元年，距“今”440 多年。

这里要注意的是，可以强调制造商的历史长短，但不要给消费者倚老卖老的感觉。如今，年轻消费群体正在迅速崛起并主导某些市场的发展方向。一些老企业如何焕新品牌形象成了亟须解决的问题。

限量版

在一项评价巧克力夹心饼干质量的研究中，那些仅得到2块饼干的参与者比那些得到10块同样饼干的人要更喜欢这款饼干。这就有助于解释为什么消费者倾向于重视那些限量发售的东西。这是因为人们潜意识里认为：稀缺的东西更值得拥有。企业也可适当地发行一些限量版产品，吸引消费者关注、购买。

获奖

消费者更容易相信一个权威的信息源。企业可为自己的产品和品牌运作一些货真价实的奖项、媒体公关报道，增强消费者对自己的信任和好感。

与时俱进的高科技

一些消费者对时下新兴的但又似懂非懂的高科技尤为在乎。例如，近年来，护肤品行业就出现了“成分党”。这群号称“成分党”的消费者买护肤品时，首先要分析的是这瓶护肤品的成分是什么，甚至细致到某种成分的分子结构。就像近年来护肤品里的大热成分——烟酰胺、角鲨烷、神经酰胺等。其实，对于“非成分党”，他们虽然对这些成分一知半解或者根本不懂，但如果你向他们重点强调这些新兴的高科技成分，他们也会觉得这瓶护肤品品质好、有安全感。然而，这里要注意的是，企业不要滥用这条心理捷径。只有产品名副其实，才可重点突出这些“成分”的力量，否则就是欺骗消费者。

例如，微信公众号“女神进化论”在《深扒网络爆红的 ×××，到底值不值得买》一文中指出美妆品牌在产品名称上的“鸡贼”。

该品牌在给产品取名时蹭热点，喜欢说各种“原液”，如“玻尿酸原液”“烟酰胺原液”，误导消费者以为这是高浓度的单纯液体，但实际上浓度非常低，甚至用的是价格低廉的原料，夸大宣传。

销量[①]

销量越大也就意味着使用的人越多。这时，从众效应就起作用了，赶紧跟风买吧！如下图所示，拼多多的广告语无论怎么变，都在围绕着一道填空题：“________亿人都在使用的购物 App”。还有香飘飘奶茶的广告语：“一年卖出三亿多杯，能环绕地球一圈”“连续七年，全国销量领先”等。

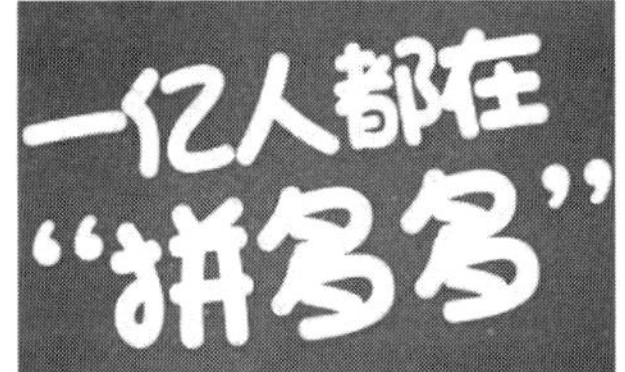

① 资料参考：迈克尔 R. 所罗门，《消费者行为学》，中国人民大学出版社。

第二：共同消费者[1]

回想一下，在商场或电商平台购物时，你对要买某个产品举棋不定，是否会看看现场或电商平台里的评论，有谁在买这件产品？我们经常通过观察某家商店的顾客来推测这家商店的状况。这个“谁”就是共同消费者。共同消费者在场与否，会起到类似产品特性的作用。他们是谁？又怎么会影响你对这个产品的评价呢？所以，要想让消费者买单，就要在内容里引入共同消费者。

共同消费者的本质就是一个“代理”的角色，他们把你引入了一条心理捷径，提前为你尝试了这个产品，替你做了是否购买的决定。共同消费者可以是你认识的人，或者你不认识但和你有共同特质的一类人。你和共同消费者的关系就像是一个物以类聚、人以群分的俱乐部里的会员。

例如，“买Domino糖果，这是我母亲经常买的品牌”（共同消费者：妈妈）、“挑剔的妈妈选小皮”（共同消费者：“挑剔的妈妈”这个群体）。

当然，共同消费者也可以是网红或明星。这点将在第8章中详细分析。

第三：抱大腿

这里的“大腿”可以是同品类某高档商品的“大腿”。

例如，护肤美妆界里经常出现某某品牌的“平价版替代品”。

① 资料参考：迈克尔R.所罗门，《消费者行为学》，中国人民大学出版社。

近年来，网上总是出现各种关于售价 1000 多元一瓶的 SK-II 神仙水“平价替代品”的测评文章。

还有，你们发现没？越来越多的品牌喜欢称自己是“某某界的爱马仕”，如下图所示。

扒一扒那些家居界的爱马仕，别说，你还真买的起！

2017-07-31 16:01　　设计 · 品牌 · 爱马仕

爱马仕是奢侈品中的奢侈品，所以，一般在某个领域中特别厉害，[illegible]特别高的东西，往往用爱马仕来形容。今天就给大家扒一扒那些家居界中的爱马仕，别说，有些你还真买的起！

牙膏界的爱马仕——MARVIS

价格：40~50元/支

它出生于意大利，是大英航空头等舱客人专用的护理产品。据说是一直使用最初的制造工艺，工序复杂，一丝不苟，具有美容保湿的功效。

以上这种抱大腿的方式有好处，也有风险，可以用一句话形容——“一荣俱荣，一损俱损”。毕竟，谁也不能保证大牌永远都光鲜亮丽，不会犯错，没有危机发生。

还有种“抱大腿”的方式——和大事件“抱大腿”。例如，2018 年，快手推出了一条广告片“你的小生活，都是值得记录的大事件”（见下图）。刚看片子的开头，你可能会觉得旁白和呈现的画面不一致——当旁白说道“第一艘航母‘辽宁号’入水”时，画面却是第一次学游泳勇敢下水的孩子；当旁白说道"'大冠军杯'夺冠的中国女排"时，画面却是旅途中姐妹们一起用手抬起陷在泥洼地里的越野车……直到结尾处写道"你的小生活，都是值得记录的大事件"，你才恍然大悟：原来，对个人而言，有时，再小的每一步迈出，都是决定性的一大步。"你的小生活，都是值得记录的大事件。"

策略二：分解购买

虽然本章介绍的是"怎么策划让人们有购买欲的内容"，但是，如果只是玩命地强调产品的卖点，急功近利地希望消费者能立即掏钱买单，效果往往适得其反。和"心理捷径"相反，"分解购买"的策略是把消费者的购买行为看成一个长线过程。它包括：意识到自己有对这个产品的需求→货比三家→购买→买了要使用→用后和企业互动。

所以，我们要带着更长远的目光来看“购买行为”，将“购买行为”延展、分解为以上这些步骤，每个步骤相当于一个目标，营销从业者策划的内容要帮助消费者实现相应的目标。

案例：想卖出眼镜？首先要让人们知道自己的视力不好

著名相机品牌尼康不仅仅只卖相机和镜头，它还有眼镜这条产品线。为了在法国推广自家的“Nikon Verres optiques（Nikon Lenswear）”眼镜类产品，尼康并没有急于求成地宣传自家眼镜多么好，而是先让消费者意识到自己的视力正在下降，是时候该换副高质量的眼镜了。

为此，尼康找供应商做了一辆卖汉堡的餐车。这辆餐车并没有什么新奇之处。有意思的是，餐车墙上贴的菜单是根据视力测量表的样式设计的。在点菜时，顺便还能给自己的眼睛测一下视力。

这个餐车只卖汉堡。“菜单视力表”上不是汉堡的名称，而是汉堡的配料，例如面包片、生菜、番茄酱、肉排等。点菜的流程是这样的：服务员会指着“菜单视力表”上面的一个个配料，从字体最大的单词逐渐往下，你能看见什么单词，就给你做相应配料组成的汉堡。例如，你的眼睛只能看见最大字体的那个配料“面包片”，那么你能得到的汉堡就只有两片面包；如果你能看见“面包片”和“生菜”，好的，那么你的汉堡就是面包片加生菜；如果你的视力好到所有配料都能看见，你就能吃到一个豪华版汉堡，里面有三层肉饼！

当然，尼康为了推广自家的眼镜，不会如此亏待那些只能吃到两片面包的顾客。这些顾客去餐车旁的“尼康视力小站”验光配个眼镜，就可以吃到豪华版汉堡了！①

这里需要强调的是，不要狭隘地把“购买行为”看成是“用户终极行为”。例如，买了之后不用，怎么办呢？要知道，买了之后不用，势必会影响到下次购买。请看接下来的案例。

案例：与其让人们买买买，不如让他们用用用！

贝蒂妙厨的预拌粉是通用磨坊（General Mills）旗下一款很受欢迎的烘焙材料。怎么让更多的人买这款预拌粉呢？贝蒂妙厨发现：每个想购买贝蒂妙厨预拌粉的潜在客户，他们的厨房里已经有一盒同样的预拌粉了。等他们用完了现在的这一盒，才会去买新的。在这之前，他们不会再买了。所以，与其花时间说服人们相信：贝蒂妙厨的预拌粉比其他品牌的好，还不如想办法让人们赶紧使用已经买了的贝蒂妙厨预拌粉，让他们赶紧烘焙各种糕点，为家人朋友制造惊喜。于是，贝蒂妙厨制作了各种使用指南，鼓励人们多多去做面包、蛋糕、小饼干或任何能用得着贝蒂妙厨预拌粉的食品。

同样的案例还有欧莱雅。欧莱雅在内部创建了一个“内容工厂”，专为旗下的美容品牌提供内容生产服务，主要是各种美妆教程，会在 YouTube 上发布。它为植村秀（Shu Uemura）制作的一段名为“怎么修眉”的视频，在没有任何付费媒体的报道下有近万次的浏览量。

---

① 资料参考：SocialBeta，《SocialBeta 5 月海外案例精选 Top 10》。

欧莱雅电商兼数字营销经理 Benoit Delporte 表示："我们的目标是为卡诗（Kérastase）和植村秀（Shu Uemura）建一个内容工厂。每当我们推出一款新产品时，就制作出相应的产品使用教程视频。例如卡诗，我们不仅传递产品的用法，更要展示如何利用产品打造出一个完美的造型，这将更满足消费者在 YouTube 上的搜索需求。"

策略三：融入情境

在策划让人们有购买欲的内容时，就要将他们置身于让他们有购买需求的情境里。但是，如果只是告诉你"融入情境"这四个字，是没什么意义的。这里最关键的问题是：到底什么样的"情境"才是有效的？也就是说，如果把目标用户放入无效情境里，那么策划再生动的内容，也是对牛弹琴，没有价值。这里给大家介绍一个有效情境的"铁三角"，如下图所示。

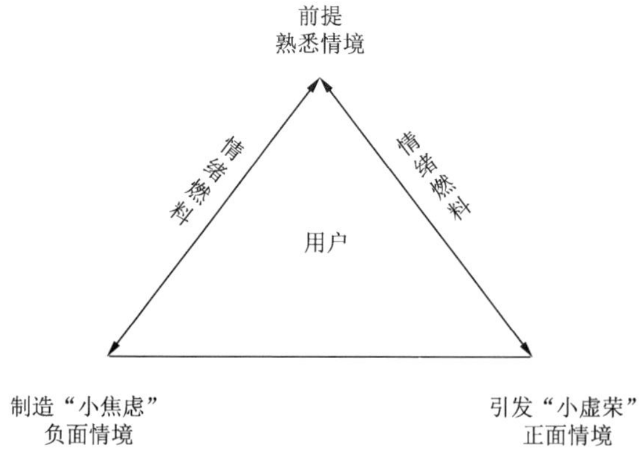

熟悉情境有哪些坑？

如上图所示，有效情境的基本前提是这个情境是你的目标用户所熟悉的，这里的“熟悉”可以指认知层面的“熟悉”。例如，你可能从来没有去过泰国，但这样一条推销泰国椰子水的广告仍会让你心动。它告诉你：喝了我们这个无任何添加、百分之百纯粹的泰国椰子水，你就如同置身于泰国的海滩上，看着碧海蓝天，还有比基尼美女。哇！热带海滩、比基尼美女……是你在电视或网上看到过无数次，并自行脑补了无数次的情境。虽然没去过，但多么熟悉呀！这就是你熟悉的有效情境。

但是一些情况下，人们却无法自行脑补认知层面很熟悉，然而没有切身感受过的情境。营销从业者要小心掉入这样的陷阱。

举个例子，很多中国人都知道“雾霾天”。通过媒体对雾霾天铺天盖地的报道，即使没有经历过雾霾天的人，也知道雾霾天大概长什么样，会给人们带来哪些健康危害。但是，如果你向常年生活在深圳的人推销一款空气净化器，你用“雾霾天”这个情境，不断强调这款空气净化器可以防止雾霾天的各种危害，例如，吸附、转化、分解雾霾里的污染物质，你的嗓子不再干疼等。常年生活在深圳的人会产生购买欲吗？不会！因为深圳几乎就没有雾霾天，生活在深圳的人对雾霾天的危害是无感的。这就是假熟悉的无效情境。

那么，向生活在深圳的人推荐空气净化器，内容方向可以是什么呢？常年生活在深圳的人虽然几乎没有亲历过雾霾天，但很多人都去过海边。如果你把情境转移到海边，不断强调使用了这款空气净化器，就如同把你带到了海边，吹着凉爽的海风、怡然自得，他们也许就感同身受了。

到此，你发现没？判断熟悉情境的标准不是你是否知道它，甚至对它很熟悉，而是你是否有对这个情境的需求。生活在深圳的人没有除霾的需求，但没有去过泰国的人有度假休闲的需求。

此外，如果以熟悉的程度来对“熟悉情境”分层，那么，最高层次的“熟悉情境”就是某种每天必须要经历的仪式了。仪式是一套复合的多种象征性行为，这些行为有固定的发生顺序，而且常常需要定期重复进行。①

BBDO 国际广告公司的一项研究表明：“仪式”对许多品牌来说都是至关重要的。这项研究在 26 个国家中进行，研究人员发现：全世界所有的人都经历大致相同的消费仪式。而研究人员把这些与仪式紧密相连的品牌称作“堡垒品牌”。因为一旦这些品牌植入我们的仪式——无论是刷牙、喝啤酒还是剃须——我们都不可能替换它们。这项研究表明：89% 的人在上述一系列仪式中都使用相同的品牌，如果某些事情干扰了他们的仪式或他们选择的品牌缺货，3/4 的人会失望或恼怒。②

正因如此，不少企业千方百计地试图将自己的品牌植入用户的日常仪式中，让使用这个产品成为人们日常生活的惯性动作、条件反射，让品牌成为堡垒品牌。

---

① 资料参考：迈克尔 R. 所罗门，《消费者行为学》，中国人民大学出版社。

② 同上。

例如，很多“80后”耳熟能详的广告语：“要想皮肤好，早晚用大宝！”“大宝明天见，大宝天天见！”

例如，如今，国内各酸奶品牌都争先恐后地推出了含有益生菌、乳酸菌，号称有利于肠道健康的各种酸奶。卡士也推出了“双歧杆菌C-Ⅰ风味发酵乳”。这款酸奶最大的卖点就是富含卡士用了5年时间研发出的第一款卡士专属益生菌——卡士双歧杆菌C-Ⅰ。

但是，至于“卡士双歧杆菌C-Ⅰ”到底是什么，你完全不用细究，也不需要记住这个拗口的名字。因为卡士已经很鲜明地告诉你：“餐后一小时”喝这瓶酸奶，有利于肠道健康。（“餐后一小时”是人体肠胃pH值最高的时间点，它能为双歧杆菌提供最佳生存环境，也是补充双歧杆菌的最佳时间。）那么，是不是只有喝“卡士双歧杆菌C-Ⅰ”酸奶才能补充双歧杆菌呢？当然不是，现在，市面上也有其他同等功效的酸奶。只是，卡士这款酸奶牢牢抢占了“餐后一小时”这个日常仪式，提醒大家：餐后一小时，为自己的肠道健康着想。

在确保“融入情境”策略的前提“熟悉情境”之后，还需要给“熟悉情境”注入“情绪燃料”，让产品、品牌在熟悉情境里“活”起来。这里的“情绪燃料”要能制造小焦虑，引发小虚荣。

制造小焦虑：负面情境

为什么说是“小焦虑”呢？首先，企业不应该过度地贩卖焦虑，甚至制造恐慌。这是一种很不负责任的行为。如今，为了吸引受众眼球，各种“毒鸡汤”文章充斥在各大微信公众号等社交媒体平台。例如一篇名为《摩拜创始人套现15亿：你的同龄人正在抛弃你》的文章刷爆了朋友圈。这篇文章从摩拜单车被收购一事说起，讲述了“同龄人”胡玮炜的“成功人生”。最后得出结论“同龄人正在抛弃你”。知名博主韩寒就发了一条长微博，说这篇文章在贩卖焦虑，制造恐慌，不值得提倡。

其次，如果焦虑过分严重，那就不是焦虑了。例如，大部分人不会因为住不起豪宅、买不起私人飞机等而整天焦虑。让人们焦虑的“焦虑”都是那些在我们的生活里时不时发生的、希望不久的将来能够解决的小焦虑。例如，做父母的焦虑孩子感冒发烧；职场新人焦虑自己因缺乏工作经验、不经意间说的某句话会让老板生气等。虽然这些小焦虑带来的负面情境是负面的，但我们在负面里看到了有可能化解焦虑的曙光。我们要把产品、品牌植入到这种小焦虑点燃的负面情境里。

案例：这款平板电脑能防止让上班族焦虑的颈椎病

微软的平板电脑Surface Pro最大的卖点之一就是轻，仅766克。为了让“轻”这个卖点深入人心，微软把它融入瑞典上班族每天背包上下班的情境里。研究表明：每4个瑞典人中就有一个背负过重，而几乎所有的瑞典人都或多或少地承受着脖子酸、背痛的折磨。那么，你是愿意每天背着台很重的电脑上下班，还是愿意轻装上阵呢？

为了让过于忙碌的上班族停下来思考这个问题，微软在瑞典首都斯德哥尔摩的闹市区设立了一台扫描仪，只要扫描仪发现某个路人的背包姿势不对、检测出路人骨骼的轻微变化，屏幕就会报警，见下图。这时，就会有专业的美女按摩师出来指导你使用正确的背包姿势。

当然，如果你每天背着微软的平板电脑 Surface Pro，可能就不会有以上烦恼了，见下图。[①]

① 资料参考：打卡，《微软在最新广告中说，平板电脑也能防治颈椎病》。

案例：这些全家人一起旅行的痛，你中招了几个？

作为最早进入中国的世界邮轮旅行品牌，来自意大利的歌诗达邮轮（Costa Cruise）宣布将家庭出游市场作为重要的业务拓展方向，并为目标家庭用户推出了“全家旅行解决方案”：好时光式全家浪游——特指一种由歌诗达邮轮带来的全家人一起出去浪的全新旅行方式。在“好时光式全家浪游”的解决方案里，家庭里的每个成员都可以各取所需，在歌诗达邮轮上体验属于自己的美好浪游时光。

但是，仅仅这样描绘“好时光式全家浪游”，目标用户可能还是没有什么特别的感觉。毕竟，出去旅游，吃个披萨、火锅，逛个免税店也不是什么新鲜事。于是，歌诗达邮轮推出了一部“全家出游真心话大辞典”。通过将产品和全新的品牌理念“在海上，遇见好时光”融入至全家人旅行时经常会陷入的负面情境，引发家庭游的决策者（也就是那个最终买单的人）：携老带幼的中青年人群的情感共鸣。不少目标用户看了“大辞典”后表示：这说的就是我本人了！

负面情境 1：亲妈牌闹钟

情境描述：父母害怕错过免费早餐及任何免费的项目（见下图）。

“快起来！都快 12 点了，免费早餐都要没了！”

睡眼惺忪中看了眼手机：7:30！

应该是手机坏了吧……

希望能睡到自然醒。

负面情境 2：“父愁者联盟”

情境描述：父母旅行时很在乎计划，总担心：下一步干什么？无法接受随遇而安的旅行（见下图）。

“快看看地铁卡怎么买？”

“查下晚上吃饭的餐厅怎么走？”

这时，你突然萌生出对工作的眷念：“放我回去，我爱工作！”

希望能优哉地随遇而安。

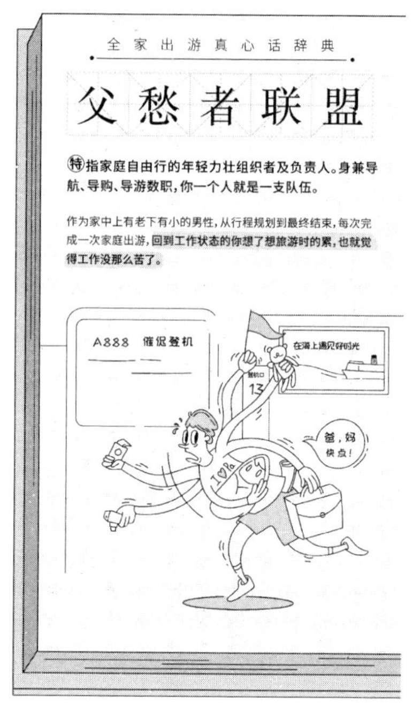

负面情境3：戏精打卡五人组

情境描述：父母旅行时的“景点打卡”心态，只求到此一游（见下图）。

“这道菜是当地特色，一定要去吃！”

“这个景点是地标，不拍张照就跟没来过一样！”

“哪哪儿都得去，不去就亏大了。”

光速移动在各大景区，打卡后赶紧奔去下一个“非拍不可”。

希望能在一个景点长时间发呆。

全家出游真心话辞典
戏精打卡五人组
“赶路5小时，拍照2分钟”
一种高密度高强度KPI劳作式景点打卡出游体验。
为了兼顾长辈，宝贝和自己完全不同的旅游喜好，你带着全家人四处奔走、见缝狂拍，最终只换来一家人身心俱疲。而你也开始领悟：这和上班拼命完成KPI也没什么区别。

负面情境 4：单词跑马灯

情境描述：自己纵使背了几万个 GRE 单词，到真正要说时，脱口而出的还是小学课本里的“How are you？”（见下图）

“How are you?”

“I’m fine, thank you, and you?”

额……我其实想问一下哪里有厕所……

希望不要逼着我尬讲英语。

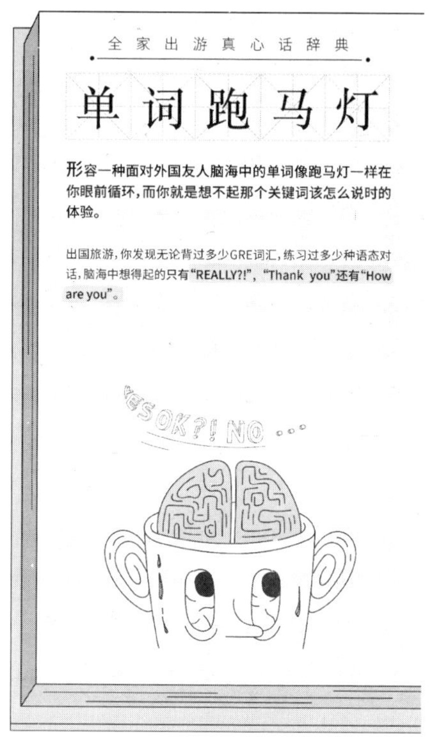

负面情境5：反侦察式消费

情境描述：父母梦想用最少的钱，看最多的风景（见下图）。

"刚刚吃了多少钱？哎，还没我做的菜好吃呢！"

"怎么又打车了？年纪轻轻走点路就喊累。"

"免税店也不见得多便宜，怎么又买这么多！"

希望能圆父母"付一次钱，却享受无限次"的梦想。

美中不足的是，这部“全家出游真心话大辞典”里没有针对孩子的负面情境。我们不妨创作一个：

负面情境 6：我的眼里只有你

情境描述：孩子对“风景”的关注点和成人的大相径庭。在他们眼里，路边的一块石头要比有千年历史的石雕更有意思。为此，他们可以蹲在路边摸石头长达 1 小时。

“说好了再玩 5 分钟。5 分钟到了，赶紧走！”

“再玩 5 分钟！”

（此对话循环往复、不计其数……）

希望托管孩子，TA 玩 TA 的石头，我玩我的“石雕”。[①]

引发小虚荣：正面情境

和“小焦虑”制造的负面情境相对应的就是“小虚荣”带来的正面情境。为什么叫“小虚荣”呢？和“小焦虑”如出一辙。如果企业过分宣扬享乐观、鼓动人们过度消费满足内心的欲望，那么，它也是极其不负责任的，甚至是不道德的。例如，近年来，一些消费信贷类产品就在大肆鼓吹“趁早消费、不要等待”。结果，一些年轻人不顾自己有无偿还的可能性，先花了再说，以致造成最终还不起钱、被四处追债的负面事件。

这里的“小虚荣”就是：适度的虚荣感反而会带来追求美好生活的动力。这个美好生活不是遥不可及的，也不是大大超出我们能力范围的，是你我可以通过努力、寻找机会实现的。例如，知识服务平台“得到”曾经在需要付费才能阅读的专栏“李翔商业内参”每日推送的每条内容前，标注了一行可能引发小虚荣的文字——“可显得有思想”“可作为谈资”等。

① 资料参考：clovey，《全家出游很头疼？歌诗达想为你提供解决方案》。

策略四：找准对象

营销从业者经常使用的一个高频词就是目标用户。但是，目标用户到底是谁？就只是产品的使用者吗？当然不是，可以将目标用户分为四类人。营销从业者要找准对象，针对不同的人策划不同的内容。

第一类：使用者

“使用者”，顾名思义，是真正使用这个产品/服务的人或群体。这里要注意的是，“使用者”不仅仅是“个体”，也可能是一个“单位符号”。例如，原本开着只能勉强乘坐4个人的小车的单身男性结婚了并有了儿女，他已经不是“一人吃饱，全家不饿”的单身汉，他是一家四口、二胎家庭的一家之主。这时，他婚前开的小车也要随之变成能容纳更多人、更大的车型了。

第二类：决策者

决策者就是那个掌握购买决定权的人（注意，决策者不一定是最终掏钱买单的人，例如，男朋友带着女朋友去挑选礼物的场景）。一个常见的现象是：决策者和使用者分离。例如，最典型的婴幼儿产品，尿不湿、奶粉、玩具等的使用者是宝宝，但购买决策者往往是父母，特别是妈妈。这时，营销从业者在策划内容时，一方面要考虑决策者妈妈，洞察出妈妈希望宝宝成为一个什么样的人。而天下有各种不同类型的妈妈。例如，有的妈妈希望孩子成为学霸；有的妈妈则不太在乎考试成绩，只希望孩子无忧无虑地成长等。另一方面，也要走进孩子的内心世界，看到不同年龄段的孩子的心智发展状况，洞察他们渴望什么。

案例：怎么让妈妈和孩子都满意？

在穿衣搭配方面，怎么让妈妈和孩子都满意呢？优衣库发起了一次“宝贝当家 从衣开始”的儿童自主穿搭活动，倡导妈妈们放手让孩子自己选择，在选衣服的过程中倾听孩子们的心声，给他们发表意见的机会，从生活中的小事做起，培养孩子的独立自主精神。

整场活动从优衣库的门店开始。优衣库将童装区打造成了孩子们可以尽情发挥自主性的“衣乐园”。活动中，优衣库的工作人员会先给孩子们介绍穿衣搭配的常识，之后的选衣、试穿、决定购买都由孩子们独立完成。整个活动过程被剪辑成视频，在各大视频网站发布。

在这个案例里，决策者是妈妈。面对孩子，妈妈们总是有种纠结的心态。一方面，她们总希望给孩子最好的，也坚信自己为孩子精挑细选的东西，做的规划是最好的。另一方面，妈妈们又希望在亲子互动中让孩子学会独立自主，选择自己的人生。

使用者是孩子。3 岁开始，孩子们渐渐形成了自己的判断，开始“不听话了”，他们会时不时地拒绝、反抗父母为自己挑选的衣服、安排的娱乐活动等。孩子们多多少少有了自己的主张，希望按照自己的想法穿和玩。

优衣库的“宝贝当家 从衣开始”既影响了决策者妈妈的育儿理念，改变了家长包办选购孩子服装的固有思维，也让孩子拥有了能自主穿搭的愉快体验。可以说同时兼顾了决策者和使用者。[①]

第三类：影响者

这个角色也很好理解，就是谁左右了你的选择。例如，某部电视剧火了，市场上就会立即出现“某剧某演员同款”。这些电视剧里的明星就是你购买决定的“重度影响者”。

除了明星，生活中的一些普通人也是我们的“影响者”。例如，有一个短语叫“peer pressure”（来自同龄人的压力）。我们往往会因为别人的行为而被动式地改变自己的行为。周围的同事开始跑步了，还买了手环来记录路线、时长。你为了让自己看起来也重视健康生活，被迫买了个手环，或假装或真的开始跑步。

案例：手动或电动剃须——女人更喜欢哪种剃须方式的男人？

快节奏的生活让电动剃须刀越来越主导男人们的刮胡子行为。很多男人尤其是年轻人告别了敷脸、涂剃须泡、手动剃须这个“湿剃”的冗长过程，转而投入了电动剃须刀的“干剃”时代。

在中国，近年来，“干剃”与“湿剃”的比例更是高达8:2。每年约有近200万人从用手动剃须刀刮胡子转向电动剃须刀刮胡子。

---

① 资料参考：clovey，《优衣库发起儿童自主穿搭体验活动，让孩子学会独立》。

作为手动剃须刀的发明者吉列怎么让男人重新回归“湿剃”呢？如果只是喋喋不休地强调湿剃有多么舒爽，也许并不能打动几个男士。毕竟，现实摆在这里：“干剃”省时又方便。

但是，如果你告诉男人们：其实，在女人眼里，用手动剃须刀“湿剃”，比用电动剃须刀“干剃”更有男人味、更性感。男人们会转向“湿剃”吗？

基于这点洞察，吉列做了一场心理学实验，找来了40名女性和一对双胞胎帅哥，让这两位帅哥分别用手动和电动剃须刀在玻璃后刮胡子。结束后，吉列请现场的40位女性选择哪个帅哥更让她们心动。34位女性选择了手动剃须的那位帅哥！

这次“女性群体影响者”参与的传播活动直接刺激了吉列“锋隐超顺”产品的销售，在短时间内卖断货。[①]

第四类：守门人

你可能不太熟悉“守门人”这个角色。但在B2B公司里，“守门人”很重要，他们对应的岗位通常叫采购或法务。公司是否采购另一个公司的产品或服务，除了使用者（业务方）、影响者（专家意见）、决策者（高层），还有个“守门人”，他们判断这项采购流程是否合法合规，是否存在灰色地带。也就是说，“守门人”不会从业务角度评判“是否值得采购这个产品或服务”，但会从“法规”“节省成本”等角度牢牢把控。他们的角色很重要。

① 资料参考：《成功营销》《“性感”剃须 打开吉列新市场》。

家庭中也会有“守门人”。谁掌握了家庭整体收入的分配、开支，谁就是守门人。例如，在中国的一些家庭里，妻子往往扮演了守门人的角色。当丈夫或孩子提出购买某个大件商品的需求时，她会从家庭整体的收入、财务情况来衡量是否购买。

需要特别指出的是，这四种角色可以有数种不同的排列组合方式。在不同的情境里，它们或“各自为战”，或重合变为两种甚至一种角色，一定要具体情况具体分析。

现在，你已经明白了目标用户分为四类。那么，怎么在一个新产品的上市过程中用这个策略找准对象，推广新产品呢？

案例：一款新品比基尼是怎么卖出去的？

一位16岁的妙龄少女特别想买一款性感的比基尼，和同学们（同学里有她的男朋友）去海边度假。她做梦都想买这套比基尼，幻想着穿这套比基尼在海边和男友牵手漫步的画面。因为她的男朋友曾无意中称赞过一位穿类似比基尼的网红。

毫无疑问，少女是这套比基尼的目标用户！

但是，她最终还是无法决定能否得到这件比基尼。因为这个少女还是个大一新生，没有赚钱的能力。购买这件比基尼的最终决策者不是少女，而是少女的父母。她的父母认为：一个刚读大学的孩子穿着比基尼去海边，简直不可思议！

从以上这个例子里，可以看到：

这件比基尼是否能卖出去，由三种角色互相交织、共同决定。

也就是：

使用者——少女。

决策者——父母。

影响者——男朋友、网红。

那么，如果你是这个比基尼品牌的市场营销从业者，你在推广产品时，只会关注“使用者”少女吗？当然不会！在不同的推广阶段，你的内容方向也是不同的。

预热阶段：

新品即将上市，要让使用者形成对新品的好感、期待，你就要瞄准使用者和影响者。特别是影响者。因为对使用者而言，影响者如同一面镜子，折射了使用者的那个“理想自我”。

在“比基尼”的例子里，少女就是为悦己者容！这个阶段，你的内容方向要展现影响者希望看到的使用者是什么形象、什么风格、什么性格。

上市阶段：

新品上市后，使用者已经蠢蠢欲动了。如果你的产品是使用者和决策者分属两人，那么，你就要想：怎么让决策者心甘情愿地掏钱？

在“比基尼”的例子里，要证明：青春少女穿比基尼是没问题的，是一种自我美的表达。这种美和健康、活力强联系在一起。所以，在这个例子里，如果要针对决策者拍广告片，可以有如下创意：

第一，少女穿比基尼玩水上运动，接受的挑战与展现的自信。

第二，引入“群体”。少女和同学们玩沙滩排球，体现出融入集体、其乐融融。

以上，我们分析了“怎么策划让人们有购买欲的内容”四大策略。接下来看看当你使用以上四大策略时，有哪些具体的方法可以表达“让人有购买欲的内容”？

七大方法

方法一：夸张

“夸张”通常用于表达产品卖点，就是把这个产品的利益点用一种超出它实际效果的方式表达出来，让人们印象深刻。

案例：戴上这副耳机，你就活在一个人的世界里

Bose 耳机为了突出它的降噪效果带来的美好音质，邀请舞者 Maëva Berthelot 拍摄了一支广告。广告里，Maëva 以自由式的舞蹈穿梭于伦敦街头。但是，画面里的伦敦街头，无论是广场、街角，还是地铁站，都是空无一人的（如下图）。只有 Maëva 在空旷的伦敦享受着优美的音乐，尽情舞蹈。

在广告片的最后几秒，我们才看到 Bose 耳机的最新产品——Quiet Comfort 35 耳机的展示画面。之后，镜头又切回到舞者 Maëva 身上。不过这一次，再也没有清晰的背景音乐和空旷的街道，取而

代之的是真实的世界：各种嘈杂的声音和遍布整个街区的行人（见下图）。但 Maëva 还是没变，她戴着这款 Quiet Comfort 35 耳机，

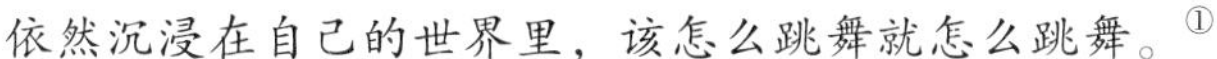
依然沉浸在自己的世界里，该怎么跳舞就怎么跳舞。[①]

从以上案例，可以感受到："夸张"不等于夸大其词地胡乱吹牛。"夸张"带给人们更多的是一种想象空间，启发人们的想象力。

方法二：类比

"类比"就是为产品或品牌找个参照物，让这个参照物能形象、巧妙地传递产品卖点或品牌形象。"类比"最大的难点自然是：这个参照物既要找得准，又要找得有创意。

① 资料参考：Rosy，《BOSE 耳机的新广告，让你看看空无一人的伦敦城长什么样》。

案例：怎么告诉大家微信上可以借钱了?

微粒贷是微众银行的一款个人小额借贷产品。打开微信，点开微信下方四个菜单的最后一个：“我”，你就可以在“支付”里找到“微粒贷”借钱了。但是，即使很多人每天离不开微信，一天中要打开微信很多次，他们还是不知道微信里有个微粒贷，它能借钱。

为了让大家知道这个事实，微粒贷用“类比”的方法策划了一组内容。那么，微粒贷用什么来类比“微信可以借钱”了呢？从前面的分析，可以看出：微粒贷对一些人而言，就是陌生的熟人。即天天近在咫尺，但却未曾真正了解。于是，微粒贷找到了一组就像“陌生的熟人”的冷知识来类比“微信上可以借钱了”（这条也是冷知识）。

这组冷知识有：

“你知道吗？河马的汗是红色的。还有，微信上可以借钱了！”（见下图。）

“你知道吗？孔子不姓孔，姓子。还有，微信上可以借钱了！”（见下图。）

“你知道吗？珠穆朗玛峰上也有WiFi。还有，微信上可以借钱了！”（见下图。）

案例：美国史上最伟大的培根交易

卡夫食品公司（Kraft Foods）旗下的肉类品牌Oscar Mayer推出

了一款高端新培根：屠夫厚切片培根（Butcher Thick Cut bacon）。在竞争激烈的美国培根市场，怎么让这款培根一炮而红？Oscar Mayer 发起了美国史上最伟大的“培根交易”。

“培根交易”的灵感来源于对这款新培根的品质定位。它的质量如黄金般珍贵，它“贵如黄金”（worth its weight in gold，用于形容一个非常有价值的或有用的东西）。既然这块培根那么值钱，何不就把它类比成钱呢？于是，Oscar Mayer 请来了美国喜剧演员 Josh Sankey，请他带着屠夫厚切片培根，用它当钱花，穿越美国。

14 天时间里，Josh Sankey 带着 3000 磅屠夫厚切片培根，从纽约一路开车到洛杉矶，穿越 12 个城市。期间，Josh Sankey 不能带任何现金、银行卡，他要用这 3000 磅培根换取住宿、食物、汽油等一切他需要的东西。是的，在他的整个旅程里培根就是钱。

尽管这些年来，我们看到了很多人展现了他们对培根无尽的爱，但是这场培根交易也许是唯一量化了培根价值的准实验。

Oscar Mayer 为粉丝们专门建立了这次培根之旅的网站：BaconBarter.com，还有 twitter 账号：@BaconBarter。通过这两个平台，粉丝们可以随时了解 Josh Sankey 的旅途故事，并参与其中。

BaconBarter.com 上记录了 Josh Sankey 用培根进行的每笔交易。每笔交易都离不开粉丝的鼎力支持，每笔交易也蕴含了 Josh Sankey 和粉丝们共同创作的故事。如下摘录部分交易。

9 月 9 日，一块培根换来了一张婚礼请帖。

9 月 11 日，西弗吉尼亚，9 块培根换来了在网友 @boatlady2you 家的沙发上过夜。

9 月 12 日，3 块培根换来了美国内战纪念品，希望它们能给自己带来好运。

9 月 12 日，137 块培根换来了让网友 @kevinbabyyeah 在手臂上纹个培根的图案。

9 月 15 日，用一块培根换到了一根适合自己大肚腩的皮带。

9 月 16 日，在奥马哈市，用 37 块培根换到了在旅馆小憩一夜，那里的服务很赞。

9 月 21 日，用 15 块培根赢得了孩子的一份爱。新朋友 emma 送给自己一张贴花纸。

……

9 月 23 日，培根之旅的最后一天，在洛杉矶，用 250 块培根，在海滩上举办了一场不错的聚会。棕榈树，日落，美味的培根，太美妙了。

与此同时，@BaconBarter 也在自己的 Twitter 上和粉丝们实时互动，邀请粉丝们一起参与“培根之旅”。

9 月 7 日，Josh Sankey 在 twitter 上告诉粉丝们自己即将开始的“培根之旅”，从纽约到洛杉矶，一路没有现金、银行卡，就是一车培根当货币。他公布了这次“培根之旅”的专门网站，并在以后发的每条相关 twitter 上写着 #baconbater# 的标签。

9月7日  Josh Sankey @baconbarter

I need tickets for the Jet's Game on Sunday! Can we barter? Hit me up! #baconbarter #needit

Josh Sankey 还实时向粉丝们发布自己想要的东西，问问有没有想和他用培根做交易的粉丝。（“我需要一张周日喷气机队的橄榄球比赛门票，谁愿意和我用培根做这笔买卖？联系我。”）

方法三：对比[①]

“类比”是为了给产品、品牌找到某个相似的参照物，产生“相似性联想”，而“对比”则是为了打造一种反差的效果。毕竟，没有对比，就没有伤害。

用对比方法写的文案在日常生活中经常看到。例如，OPPO 手机有名的“充电 5 分钟，通话 2 小时”，戴尔早期在中国的广告语“美国货，本土价”，以及走在大街上经常听到的杂货店叫卖声“9 元 9 不算多，去不了香港，去不了新加坡；9 元 9 又不多，买不了房子，买不了车，旅行也到不了莫斯科……”

接下来看的这个案例是怎么运用“对比”方法策划让人们有购买欲的内容的高阶版。

---

① 资料参考：荟生，《吃有机真的有益健康？来自瑞典科学家的真人有机生活实验》。

案例：吃有机食品到底有什么好处？

虽然总是听说和吃普通食品相比，吃有机食品对人的身体更好。但是，还是有很多人质疑有机食品是否名副其实。到底有没有必要花那么多钱吃有机食品呢？

瑞典最大的超市Coop为了宣传吃有机食品的好处，特地委托瑞典环境研究中心做了一个实验。实验围绕着一家五口进行，通过对比他们在两周的时间里，从吃普通食物转换到吃有机食品之后，身体里杀虫剂等化学药剂残留指标的变化，清晰地表明：有机食品能显著有效地降低人体内的化学药剂残留物含量。

接受实验的是Mats、Anetta夫妇以及他们的3个孩子。Anetta一家没有吃有机食物的习惯。和大部分家庭一样——因为有机食物价格较高，而他们是一个大家庭，在选择全家人吃什么时，必须考虑家庭的经济收入。此外，在他们的认知里，吃有机食物和非有机食物没什么区别。

一开始，瑞典环境研究中心对这一家人（两个成人，分别40岁和39岁；三个孩子，分别12岁、10岁和3岁）进行了身体检查，第一周让他们正常饮食（吃非有机食物），并每日采集尿样做检验，发现他们的身体里含数种不同的杀虫剂、杀菌剂、生长激素。

接下来是实验的第二阶段——两个星期的“全有机计划”：所有的水果、蔬菜、肉类、鱼类等全部替换成有机产品，甚至连爸爸的鼻烟也换成了有机烟草！为了控制实验的其他变量，研究人员要求全家人的衣服、床上用品、毛巾等替换成全新的，而家庭成员的日常用品——包括个人清洁用品、护肤品，洗衣、洗碗用品等，则在实验开始之前就被换成了环保产品。

两周后，再次检验所有家人的尿样，研究人员惊讶地发现：之前检测出来的杀虫剂、杀菌剂、生长激素数量骤减；在小孩身上的数值变化尤其明显，降幅达到 12 种；一些化学药剂在转换成吃有机食品的一两天后即降低至未检测出。

在得知这个结果后，Anetta 表示："脑海里浮现出的是我的孩子们因为身体内的化学物质都被清除了，所以再也不想恢复到原来的饮食当中去了。"

Coop 把这组实验拍摄成了短片。这条内容获得了当年的戛纳 PR 大奖，因为它被媒体关注，是一则有趣、有料的新闻报道。通过对比的方式呈现新闻点：展现吃有机食品对人身体的好处。

方法四：赞美①

我们在逛服装店时，如果看中了一件衣服想试穿。售货员往往会和你说一句："您真有品位。这是我们当季的新款。"你听了这句话，心里乐开了花，仿佛穿上这件衣服后，自己确实就成了一个有品位的人。这一方法也可用于"怎么策划让人们有购买欲的内容"，在内容里融入对目标用户的赞美。但是，这里的"赞美"不是奉承，不是睁着眼说瞎话，要有理有据。

例如，中国本土美妆品牌自然堂别出心裁地拍摄了一条赞美女

① 资料参考：bangX 上海，《一场 <没有一个男人可以通过的面试>，你敢挑战吗？》。

性的视频——一场“没有一个男人可以通过的面试”。（这场艰难的面试本身就是在赞美着女性的勇敢。）

故事发生在常见的职场面试时。面试官全是女性,她们分别是:企业高管Jennifer Peng、职业飞行员赵颖、著名作家苏芩、建筑师林夕媛、项目经理葛亮。参加面试的人则全是男性。面试过程中,面试官们问男性的问题是：你平时上班会化妆吗？你的抗压能力怎么样呢？结婚了吗？希望你三年内不要孩子，能接受吗？你又要喂奶又要兼顾现在的工作，你能担当吗？每个月那几天，你会请假吗？显而易见，这些问题都是女性在参加面试时经常被问到的让人尴尬得难以回答的问题。当参加面试的男性被问到这些问题时，他们当然会觉得莫名其妙。但是，当他们恍然大悟后，开始意识到：其实，这种问题在很多女性参加面试时简直是“家常便饭”。他们终于明白：这个社会，很多人在戴着有色眼镜看女人。

方法五：挖苦

和“赞美”相反的是“挖苦”。有时，拿捏有度的挖苦能让目标用户幡然醒悟，甚至醍醐灌顶。例如，笔者的一个才女朋友曾为某电商平台写了一篇软文。她在文中表述了一个观点：“如果你的厨房里还放着绵白糖，这说明你的内心从来没有脱贫。因为内心脱贫的人会用枫糖等高档糖。”虽然这个结论看着有点偏激,但结果是:这家电商平台的枫糖卖到断货。

需要注意的是，“挖苦”不是随心所欲地批评、讽刺，而是要找到目标用户的“消极参照群体”，即目标用户极力避免想成为的那种人。

研究表明，一个人与消极参照群体保持距离的动机强度，可能比想加入积极参照群体的动机强度更大。这就是为什么一些品牌的广告里偶尔会出现不讨人喜欢的人在使用竞争者的产品，以巧妙地传达信息：目标用户要是想避免成为“那种人”，就要远离那些人购买的产品。因为人们可以通过坚定地不消费某些产品或服务来定义自己。（再回到“枫糖”的例子。人们通过买枫糖来避免成为内心没脱贫的人。）

方法六：改编

营销从业者还可以通过改写俗语、成语、歌词等这些人们已经朗朗上口的句子，让消费者触景生情，快速领会到我为什么要买这个产品。例如：

- 丰田汽车——车到山前必有路，有路必有丰田车。
- 西贝莜面——闭着眼睛点，道道都好吃。
- 喜马拉雅——欲知后事如何，且听喜马拉雅。
- 墨迹天气——天有不测风云，人有墨迹天气。
- 微信——天下没有不散的宴席，但有不散的联系。
- 当当网——书到用时有当当。
- 六神花露水——六神有主，一家无忧。

案例：不断出现品牌名的魔性广告歌[①]

社交电商平台拼多多为自己打造了一首广告歌。这首广告歌改编自风靡一时的流行歌曲《好想你》。这首由马来西亚女歌手朱主爱原唱的歌曲中，“好想你”三个字一共出现了55次，大胆又狂热地表达了对恋人的喜爱之情。经拼多多改编后的歌词也是大白话，歌词里反复出现“拼多多”。网友们戏称这首广告歌是魔性洗脑歌。有意思的是，因为拼多多频繁地在各大视频平台、电视台投放这首广告歌，如今，连一些幼儿园小朋友、小学生也经常哼唱这首歌。歌词如下：

拼多多，拼多多，我和你，拼多多（好想你好想你好想你好想你）

来一起一起拼多多……（是真的真的好想你）

不管有事没事拼多多（不是假的假的好想你）

拼多多，拼多多，拼的多，省的多（好想你好想你好想你好想你）

拼就要就要拼多多（是够力够力好想你）

每天随时随地拼多多，拼多多……（真的西北西北好想你好想你）

（注：“西北”是马来语，是“非常”的意思，也就是“非常非常 好想你”，括号中为原歌词）

一些营销从业者不屑于拼多多的这种“改编内容”，认为没有创意、简单粗暴。但是，它却有效地传达了拼多多的卖点：拼的多、省的多，并且这种文案带着一种号召力，号召人们每天拼、随时拼、一起拼。

---

① 资料参考：双鱼保卫黄河，《拼多多广告歌光荣的成为“洗脑神曲”》。

方法七：数字

用数字激发人们的购买欲，是营销从业者在策划内容时常用的方法。但是，这里要指出的是，警惕那些“无感数字”！“无感数字”就是让人看后没有任何感觉的数字。例如，笔者曾搭乘四川航空的飞机，飞机在起飞、降落时会播放提醒广播，内容是：“请停止使用外形之和大于 31 厘米的电子设备。”每次听到这句广播语，笔者心里就很纳闷：这难道是给乘客出数学题吗？“外形之和大于 31 厘米”到底是多大呢？能否在说完这句话后，再加一句，用一个乘客熟悉的电子产品做类比呢？

再例如，天猫曾在“三八节”期间做了一场“活出你的漂亮”的女王节活动。在这场活动里，天猫以三维场景搭建形式，出了一组设计精美的海报，结合平台售卖数据，推荐单品。[①]

但是，有些海报里的数字读来让人无感。例如，“23% office lady 每天更换高跟鞋”“28% 女上班族将耳机视为公共出行重要配饰”“11% 的妈妈靠鲜果代替晚餐保持身材”“17% 的女性喜欢尝试新鲜科技改变颜值”这些数据要说明什么问题呢？换句话说，如果想说服女同胞多买高跟鞋、买耳机、多吃新鲜蔬果、买美容科技产品，这四组数字有说服力吗？毕竟，这四组数字代表的还是没有过半的少数人。

但是，同系列的其他几张海报中的数字就较有说服力，会给女性同胞以“我也是同类人”的感觉。海报文案是：“78% 未婚女性

① 资料参考：WMY 北京，《天猫 3.8 节提问：你是百分百女人吗？》。

罹患永远缺包症候群”“72%女人梦想每周清空购物车”。这也很符合之前说到的策略“心理捷径”里的“共变关系信号”之“销量”。

需要注意的是，以上七大方法中的几种也可以在同一内容里交叉使用，营销从业者要活学活用。例如下面这两幅好运达足部按摩器的广告图片，用现实里的“人工按摩服务”来类比这款按摩器，并将“脚”以夸张的方式最大化呈现“巨型的脚”。①

① 资料参考：FocusMad营销工坊，《今天，我来说说广告创意中“夸张手法”及经典案例》。

第7章

精准媒介三问

很多营销从业者的日常工作之一就是和各种媒介打交道。例如，筛选微信公众号大号，在抖音、小红书、快手等平台找带草种货的博主等。无论是传播企业品牌，还是推广产品，营销从业者都希望找到“精准媒介”，并能有效地发挥它们的价值，那么，到底什么是“精准媒介”？我们应该怎么创新地应用精准媒介，让企业花的钱物有所值，甚至物超所值呢？这一章将从以下三个重要问题来揭晓答案。

问题一：媒介的本质是什么？

答案：媒介 = 内容。

媒介之所以有价值，是因为它能传达有价值的信息。媒介的本质就是内容——这已不是什么新鲜观点。20 世纪，传播学大师麦克卢汉（M. McLuhan，1964）提出了“媒介即万物，万物皆媒介”（The medium is the message）的观点。在真枪实刀的营销工作中，可以从两个方向理解“媒介 = 内容”。

方向一：从内容到媒介

书读到这一章，你已经了解精准内容体系里的“内容型产品”“品牌爆点话题”。你有没有发现，“内容型产品”从“出生”时就“命中注定”地有和它相匹配的“精准媒介”。即什么样的产品就要去找什么样的媒介。同样，品牌爆点话题制造的冲突也不是所有媒介都有能力承接的。因此，“媒介”只有和内容型产品、品牌话题融合才能变得精准。也就是说，媒介之所以能“精准”，是因为它要置身于“精准内容”的体系里，而不是孤立的。

方向二：从媒介到内容

过去，企业找媒介，只看重它的影响力，例如粉丝量。企业想当然地认为影响力大的媒介就是一台万能的引擎。这台引擎安装在任何产品、品牌身上，都能让它迅速获得知名度、销售转化。事实是，他们看着效果一般，甚至可以说惨淡的结果，失望而茫然无措。

因为这些企业的营销从业者不理解什么样的媒介产出什么样的内容，不能脱离媒介谈内容。脱离媒介的内容，就如同离开水的鱼，活不长久。例如，同样的一段有关产品介绍的文案，没有丝毫改动地复制、粘贴在企业官网、各个微信公众号、微博等平台，幻想着“放之四海而皆准”。过不了多久就会发现，这些平台上的内容阅读量极低，甚至遭到用户抵制。

所以，营销从业者在制定传播策略时，不要陷入“先有内容，后有媒介”，还是“先有媒介，后有内容”的纠结里，而是要思考内容和媒介怎么融合。在策划各种传播内容时，也要把媒介作为内容的一部分来思考。媒介和内容相互成就，而不是相互割裂。也只有这样，媒介才能产出能带来精准流量的精准内容。

那么，“媒介的本质是内容”这一点对营销从业者怎么选择、应用精准媒介有什么启示呢？启示是把媒介看成“情感空间”。

实践启示：把媒介看成“情感空间”

把媒介看成“情感空间”意味着营销从业者在选择精准媒介时，不要从物理角度划分媒介。例如，将媒介分为线上和线下。线下媒体包括户外广告、楼宇电梯广告等。线上媒体包括微博、微信等。又或者把媒介分为传统的和新兴的。传统媒体包括电视、报纸等。新兴媒体包括微博、微信、抖音、快手和小红书等。从物理角度划分媒介，就是将媒介和内容活生生地剥离开。

营销从业者应该从化学角度划分媒介。既然媒介的本质是内容，内容就会给消费者带来一定的情感反应。而媒介就是一个能够让内容发酵、升华的情感空间。当营销从业者把媒介想象成一个“情感空间”时，就要充分考虑用户触媒的时间、地点通常是什么，他们喜欢用这个媒介来表达自己什么样的生活方式，他们为什么会信任这个媒介，愿意把自己交给这样的情感空间，他们在这样的情感空间里会怎样“触景生情”。

理解了这一点，再来思考一个问题：为什么当年网易云音乐的“乐评专列”营销案例能广为传播，为人们津津乐道？以至于“地铁车厢”这个传播渠道在一段时间里异常火热，一些品牌纷纷效仿，也把“传播战场”放在地铁车厢里，但是效果却不尽如人意。难道仅仅是因为网易云音乐已经做过了，就不新鲜了吗？但是，围绕“地铁车厢”做文章的内容营销在此之前也不在少数。

先来回顾一下网易云音乐“乐评专列”这个案例。

网易云音乐平台沉淀了数亿条乐评。网易云音乐相关团队从这些乐评中筛选出点赞量最高的5000条，然后按照“评论必须简单、一语中的、脱离了歌曲环境仍然能被看懂和有共鸣”的标准，人工筛选出85条。最后，他们将这85条扎心乐评用红底白字、富有视觉冲击力的设计，分别铺设在杭州地铁一号线的各车厢里，如下图。

多少人以朋友的名义默默的爱着
来自网易云音乐用户——月海浪花
在陈奕迅《十年》歌曲下方的评论

“乐评专列”之所以能刷屏，其实没有什么神乎其神的复杂道理。网易云音乐副总裁李茵表示：“评论功能一直以来就是网易云音乐的核心功能。网易云音乐能形成浓厚的社交氛围，乐评等UGC（User Generated Content，用户生成内容）功不可没，这是网易云音乐内容生态建设上的重要组成部分，也是重点传播方向。既然UGC是网易云音乐的优势之一，我们只是换种方式将这种优势表达出来。”

那么换种什么方式呢？也就是说，除了让用户在网易云音乐的线上平台看到这些共鸣感极强的真实乐评，还可以找什么媒介呢？李茵和她的团队想到了地铁。因为地铁能完美地承载这85条和人生、情感有关的评论内容。当地铁车厢和这些内容融为一体时，地铁车厢就是一个情感空间。

李茵说："每个人生而孤独。但是我们一直相信，网易云音乐能够帮助用户缓解和释放这种孤独，这也是我们做产品时很多功能点的最初出发点。不管是乐评、精准的个性化推荐、朋友动态功能，我们都在寻找一个'适度缓解孤独感又保持个人独立性'的方式来打造。恰好，地铁的环境又跟'奋斗的疲惫和孤独'的感受连在一起。地铁里承载了太多人的梦想和希望，但是他们又是如此孤单。我们曾经或者正在是地铁乘客当中的一员，所以深切理解。我们可以让他们知道，在这个世界上还有很多人跟他们一样快乐、悲伤或者愤怒。"

此外，"不得不说，在地铁做营销是一种不错的选择。作为城市化的产物，地铁往往是一个城市人流量最大的地方，能满足传播需要的爆炸力。另外，地铁也是一个相对封闭的空间，这种环境下，人的注意力容易集中，情绪传染也会加速。因此，我们可以用那些感动了我们自己的乐评来影响到这些人，带给他们慰藉。"①

所以，网易云音乐"乐评专列"之所以能深入人心，是不是也体现了"精准内容"体系里的"内容型产品 × 精准媒介"的完美融合呢？

其实，当我们理解透了"媒介 = 内容"，用"情感空间"的化学视角看待所有媒介时，会有种豁然开朗，为品牌传播打开一片新天空的快感。

① 资料参考：砍柴网，《网易云音乐副总裁李茵：以产品思路做营销》。

例如，冷酸灵牙膏和科幻电影《大黄蜂》合作，推出了一款“大黄蜂定制版牙膏”。冷酸灵购买了“大黄蜂”电影在电影院播放前的贴片广告。那么，在电影院这个密闭甚至在某种程度上私密的空间里，冷酸灵的广告应该呈现什么内容呢？冷酸灵给出的答案是：电影大屏幕上什么画面也没有，漆黑一片，有的只有“牙齿咀嚼冰块”的咯吱声。

为什么会有这样“没有内容”的内容创意呢？因为“大黄蜂”是很多“70后”“80后”童年时最喜欢的动画片之一，而冷酸灵这个牌子也是为广大“70后”“80后”人群所熟知的。当年，冷酸灵牙膏的“咀嚼冰块”“冷热酸甜，想吃就吃”的广告，在这个群体的脑海里还留存着记忆。多年后，当牙膏市场竞争激烈，各种新品牌层出不穷，他们是否淡忘了曾经的冷酸灵呢？与其用画面表现冷酸灵的各种功能或品牌情感，还不如在密闭的电影院——这个情感空间里，用纯粹的声音，在黑暗中唤醒“70后”“80后”对过去的回忆，再顺势进入到“大黄蜂”电影里。

再来看一个销售导向的案例。

很多刚面市的消费品都想通过精准的“社群营销”找到目标用户，实现销售。例如，尿不湿等母婴用品想找到各种“妈妈微信群”，在群里来一波团购、秒杀等活动。这种做法乍一听很诱人：想买自己产品的潜在用户集中在“社群”这样一个密闭空间里，商家直接在里面发促销信息岂不是事半功倍？

但是，社群这样一个空间承载了什么样的情感呢？仔细分析，情况有些复杂。首先，社群里的人都比较信赖群主，而群主为了持续地获得大家的信任，就要为群成员谋福利。其中之一就是为大家找到价格真正实惠的好产品。其次，社群具有“放大效应”。例如，如果产品真的好，这个令人心动的亮点会在社群里迅速传播，一些无动于衷的群成员也会因为“从众效应”争相购买。但是，如果新产品存在各种瑕疵，这些瑕疵也许就会被放大成“致命的缺点”，一些本来没有购买产品的群成员会不经判断就认定产品是垃圾。

试想：产品刚上市，还没有建立品牌认知度，如果想进入这种社群做促销，此时，谈判的筹码有且只有一个：低价！这里的“低价”甚至是低于产品成本的“低价”！如果真的以这样的低价方式开展社群营销，岂不是买的人越多，亏得越多？这还不算最严重的后果，更可怕的是：人们的注意力全部聚焦在“低价”上，忽视了品牌（包括最基本的品牌名、产品功效、适用感受、品牌理念等）。这种行为不就折损了品牌价值吗？如果这个时候产品质量还不稳定，后果更是不堪设想。

反过来试想：哪种状态的产品适合在社群里做精准营销呢？最好是有一定品牌知名度（这也意味着产品质量经过了一定考验），能形成品牌溢价的产品。这样，商家在和社群群主谈判时，除了适当降价，还有品牌的筹码握在手中，而这也能增近社群里这种特殊的信任情感。

问题二：企业付费给媒介，到底买的是什么？

答案：粉丝的力量。

企业购买媒介，与其说是为媒介付费，还不如说是为媒介背后粉丝的力量付费。这里的“粉丝力量”包含两个方面：第一个方面是消费力，第二个方面是口碑力。这点很好理解。企业之所以需要媒介，看重的就是媒介的影响力，而媒介的影响力就是用内容聚合志同道合的粉丝。

这里要特别注意的是，不同媒介的粉丝的特性及由此产生的需求也是不同的。例如，美兮机构创始人菊子认为：在B站、抖音等比较时尚的、带有娱乐消费属性的平台上，粉丝的消费心态表现为期待跟着网红买到新奇特的、之前没见过的创新产品。当比较传统、常见的产品与品牌出现在这些平台上时，粉丝们是提不起消费欲望的。此外，如果线下的传统品牌只是为了卖货，选择在快手平台就会更好。快手上的粉丝更希望买到值得信任的、更具性价比的东西。①

营销从业者要把精准媒介的粉丝嫁接到自己品牌的粉丝网络中。值得一提的是，根据精准内容要带来精准流量的观点，企业应该更看重媒介粉丝的质量而不是单纯的数量。粉丝不在于多，而在于精。这也是为什么现在越来越多的企业想找所谓的“中腰部”KOL或者KOC（Key Opinion Consumer，关键意见消费者）合作，就是看中了

① 资料参考：夏天童鞋，《红人怎么挑产品？化妆品社交营销方法论》。

他们的粉丝黏性更强。

报道科技及创业公司的博客 PandoDaily 的作者 Bryan Goldberg 就曾提出一个观察网站的指标：demographic concentration（人口集中度）。他建议估算一个网站的投资价值时除了要看网站流量，也要了解用户 Demographic Profile 的集中度，并不是流量越多越好。有意思的是，Bryan Goldberg 的这个观点和基于抖音挖掘的一组数据（由飞瓜数据采集）反映的现实如出一辙。在抖音平台上，虽然生活、搞笑类账号发布的内容点击率很高，但是真正的带货转化率却排在各种垂直类账号的后面。

但是如今，买粉丝、造假粉丝等现象在各大社交媒体平台上已成了一条不言自明的灰色产业链。

链接：快消品巨头宣称要封杀买粉的 KOL

快消品巨头联合利华（旗下包括多芬、立顿等品牌）一直在努力推动更透明、效率更高的广告投放。其 CMO Keith Weed 宣布：联合利华将不再与付钱买粉丝（简称刁粉）的 KOL （Key Opinion Leader，关键意见领袖）合作，买粉的 KOL 这种虚假的影响力会影响到广告主的品牌。

所谓的买粉也包括社交网站上的虚假账号、机器人，这些账号也会像真实的用户一样发布帖子、点赞或者转发内容。Keith Weed 将这批买粉的 KOL 比喻成坏苹果，它破坏了一整筐苹果的品质，“做最乐观的估计，它是一种误导；在最坏情况下，它是腐坏”。

“在联合利华，我们认为有这些影响力的人是接触消费者和发展我们品牌的重要途径。他们的力量来源于与人们深层次、真实以及直接的联系，但购买粉丝这种行为很容易破坏这些关系。”Keith Weed称，“我们需要采取紧急行动，在这种信任永远消失前重建它。”

根据他援引的评估数据，社交网站上40%的KOL都有意无意地买过粉丝。联合利华称此前合作的部分KOL也曾经买过粉丝，他们已经取消了这些合作。

此外，联合利华还做出了三点承诺：

- KOL的透明度：联合利华将不会与买粉的KOL合作。
- 品牌的透明度：联合利华的品牌永远不会买粉。
- 社交平台的透明度：联合利华将优先考虑那些提升透明度，在整个生态系统中根除不良行为的平台。

在审查、识别这些KOL的买粉行为上，联合利华也希望与社交媒体合作，加强对这些虚假账号、假粉的审查。但是，筛除社交媒体上的虚假账户，识别KOL买粉这些都不是容易的事情，Facebook这家最大的社交媒体在识别仇恨言论、删除裸露照片上，仍然需要依靠大量的人工。

此外，其他公司也在尝试避开KOL买粉的问题。eBay将营销费用投放在买家身上；欧莱雅则采取与KOL长期合作的方式，在产品研发阶段就让KOL参与进来。在KOL带来的效益上，欧莱雅通过内部工具 cockpit 监测 2 万个数据来源进行评估。[①]

案例："平民祖马龙"适合放在哪里卖？

名创优品（Miniso）推出了一款香薰产品：山谷百合喷雾。因为它的香味和享誉全球的香氛品牌祖·玛珑（Jo Malone London）蓝风铃香水很像，但只卖10元一瓶，所以又被称为"平民祖马龙"。（请注意，"祖马龙"这三个字也和真正的"祖·玛珑"（Jo Malone London）不一样。因为在计算机上输入"祖·玛珑"这几个字有点麻烦，一些网友也会拼成"祖马龙"。）

那么，如果名创优品想推广这款"平民祖马龙"，小红书和抖音两个平台哪个更合适呢？

首先来分析下这款产品。10 元一瓶的香氛喷雾，如果要从产品的功能特性来深入剖析，似乎有点勉为其难，同时也小题大做。毕竟，它不可能像"祖·玛珑"等大牌香水一样，香味富有层次感、有讲究，分为前调、中调、后调。

因此，如果用小红书来推广，可能难以带火它。因为小红书的用户 80% 以上是女性，她们看重生活品质，有较强的购买力。这里的"购买力"不仅指喜欢买买买，还指有出境游、购买奢侈品的能力。小红书上的"产品推荐笔记"需要把产品的详细信息、购物攻略等娓娓道来，促成购买决策。更准确地说，这些笔记就是购物心得，都是用户非常认真，甚至专业级别的测评推荐。

例如，真正的祖·玛珑在小红书上的笔记如下图所示。

---

① 资料参考：徐弢，《联合利华宣称要封杀买粉的 KOL，这件事还很难》。

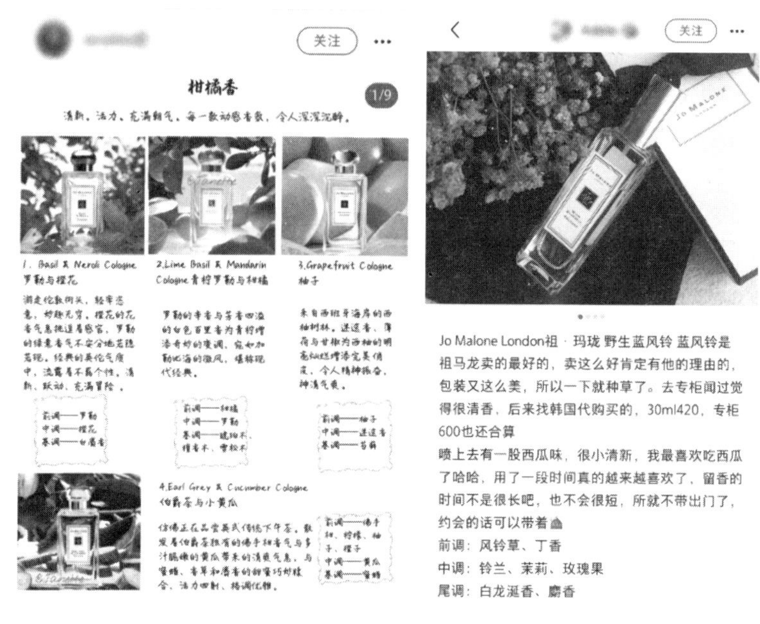
关注
柑橘香
1/9
清新、活力、充满朝气，每一款动感香氛，令人深深沉醉。
1. Basil & Neroli Cologne
罗勒与橙花
前调——罗勒
中调——橙花
基调——白麝香
2.Lime Basil & Mandarin Cologne 青柠罗勒与柑橘
前调——柑橘
中调——罗勒
基调——琥珀木、檀香木、雪松木
3.Grapefruit Cologne
柚子
前调——柚子
中调——迷迭香
基调——苔藓
4.Earl Grey & Cucumber Cologne
伯爵茶与小黄瓜
前调——佛手柑、柠檬、柚子、橙子
中调——黄瓜
基调——蜜糖
关注
Jo Malone London祖 · 玛珑 野生蓝风铃 蓝风铃是祖马龙卖的最好的，卖这么好肯定有他的理由的，包装又这么美，所以一下就种草了。去专柜闻过觉得很清香，后来找韩国代购买的，30ml420，专柜600也还合算
喷上去有一股西瓜味，很小清新，我最喜欢吃西瓜了哈哈，用了一段时间真的越来越喜欢了，留香的时间不是很长吧，也不会很短，所就不带出门了，约会的话可以带着
前调：风铃草、丁香
中调：铃兰、茉莉、玫瑰果
尾调：白龙涎香、麝香

显然，10元的“平民祖马龙”在小红书平台上，无论是从产品的内涵，还是购买渠道上，都没什么好说的。如果说点其他的，例如娱乐性内容，又和小红书的用户群体不搭调。

但是，抖音平台呢？抖音的用户大多是一二线城市的年轻人。他们的特点是：有趣或自认为有趣，对新鲜好玩、酷炫个性的内容有较强的猎奇心，同时也喜欢创作脑洞大开的内容来炫耀“有趣”。也正因如此，抖音的视频内容大多是满满即时感、当下感的随手拍，都是普通生活中的爆梗和抖料。

于是，这款“平民祖马龙”在抖音上推广，它无须详细解释自己的香味到底闻起来是什么感觉，成分如何以及品牌历史等。只要

一句简单、粗暴，但好玩的话："10元get与祖马龙相似度90%的香氛"就可以了。大多数抖音用户只想知道：10元真的能买到"祖马龙"？它们到底相同在哪里？对他们来说，开心最重要。[①]

实践启示：所有媒介皆可"互动营销"

既然企业购买媒介，买的是粉丝的力量，那么，我们就要思考怎么调动、运用粉丝的力量。但是，说到这点，不少营销从业者产生一个认知误区，他们认为：和粉丝互动，只能在微博、知乎等社交媒体上实现。也就是说，当年，微博出现时，流行的"互动营销"只能在上述媒体上进行。是不是这样呢？先来看一个案例。

案例：在这张广告纸上尿尿，见证生活新篇章

宜家瑞典（IKEA）和Mercene实验室合作，在女性杂志*Amelia*上刊登了一个有趣的互动广告。如果你怀孕了或想测试自己是否怀孕了，可以在这则广告上的指定区域里尿尿。如果确认是怀孕了，这个指定区域上方的婴儿床旁边会突然出现一个特殊的折扣价格：495（原价标注的是995）。准妈妈们撕下这张确认怀孕的广告，拿着它去宜家店里，就能买下这张折扣近一半的婴儿床。

据悉，贴在杂志广告页上的这张特殊的验孕纸，它的工作原理和测试是否怀孕的工具类似，而Mercene实验室也在此基础上不断改进技术，最终得以在印刷媒体上实现了和杂志粉丝的互动。[②]

---

① 资料参考：众引传播，《名创优品的一款香薰是如何走红社交网络的？》。

② 资料参考：朕不听，《SocialBeta本周Top5海外营销案例（20180121）》。

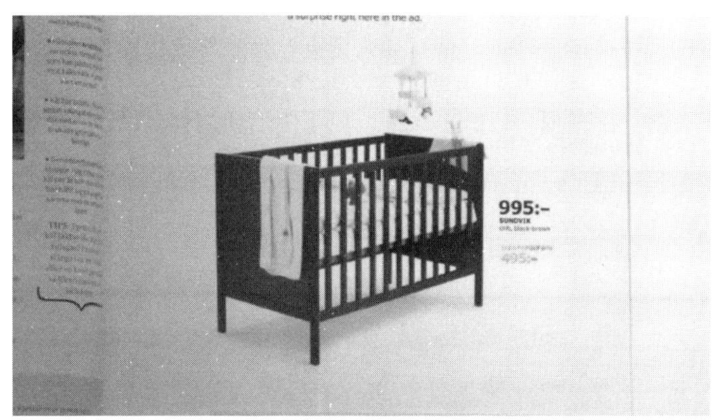

其实，近年来，越来越多的传统媒体也参与到互动营销里，并且效果不错。所以说，不要带着“只有社交媒体才能进行互动营销”的僵化思维，把和粉丝互动的机会扼杀在对媒体的死板定性里。

此外，值得一提的是，需要秉持的一个观点就是：万物皆媒介。什么意思呢？即不要把媒介狭隘地理解为报纸、电视、抖音、快手、微信等。产品的包装，甚至包裹里的卡片也是媒介，而且是企业能掌控的媒介。例如，近年来，不少企业开始构建自己的私域流量体系。在这个体系里，为了吸引已购买产品的顾客进入微信的私域流量池子，企业通常会在包裹里放入一张DM卡片，目的是：当用户拆开包裹看到这张卡片时，能添加企业的私域流量微信号。

接下来看联合国儿童基金会的一个案例，仔细体会联合国儿童基金会是怎么在这次公益活动里充分消化了“媒介 = 内容”“购买媒介就是购买它的粉丝力量”这两点的。

案例：联合国儿童基金会是怎么用美食照片解救贫困儿童的?

如今，在经济发达地区，大多数社交媒体用户都非常喜欢在Instagram等平台上分享美食照片。这与贫困儿童食不果腹的现状形成了鲜明的对比。基于这一洞察，联合国儿童基金会发起了#Food Photos Save Lives（食物照片拯救生命）的公益活动。

整个活动分为三个阶段。

第一阶段——植入。联合国儿童基金会注册了一批以真实的贫困儿童信息为基础的Instagram账号，再利用这些账号对带有Food标签（hashtag）的照片主动点赞。那么，按照Instagram用户的使用习惯，他们通常会查看这些点赞者是谁。这一契机使得这些贫困儿童的账号有可能引起他们的关注（见下图）。

第二阶段——参与。出于好奇，用户一旦单击账号不仅能够看到需要救助儿童的具体信息，还能发现一个链接。通过这一链接能进入活动小站（Minisite）。此时，用户就会参与到整个活动的核心

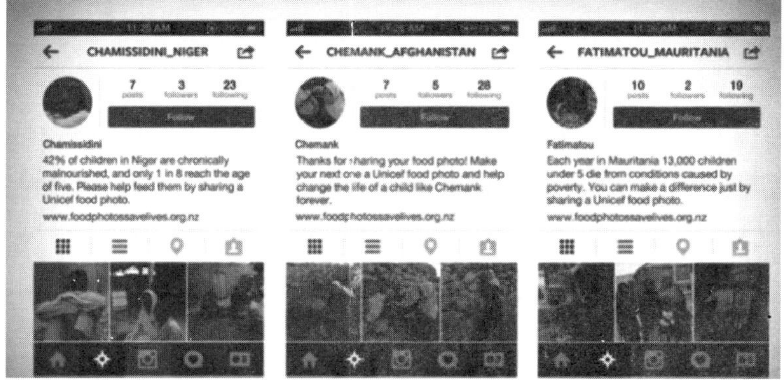

环节——选择你想要捐赠的食物类型和捐款数额（见下图）。

第三阶段——分享。完成捐助的用户可以将所选食品的照片分享给他人，分享的过程中也有几种照片的样式可供选择。这些人通过分享来吸引更多的人参与拯救贫困儿童的行动。

在这个案例里，我们看到，Instagram是一种“晒生活”、表达“我很美满”的情感空间。因此，平台的内容也多以有一定向往力、诱惑力的内容为主。当你在晒美食时，一拨拨因贫困导致没饭吃的

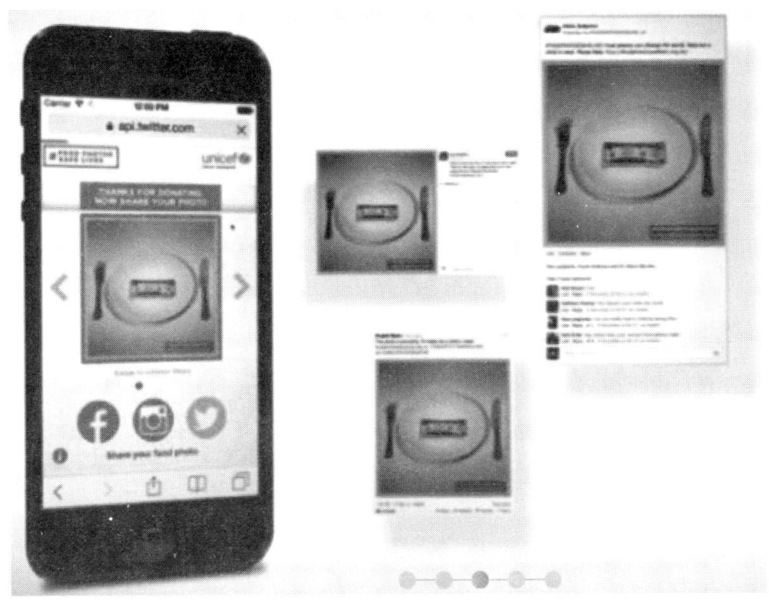

人出现在你的评论里，你会有什么样的情感反应呢？其次，在这次公益活动里，联合国儿童基金会充分运用了互动技术，有效地利用了标签（hashtag）的搜索功能，精确识别这些发美食照片的人，和他们直接对话，并设计了方便、快捷的线上捐赠网站，让人们“即看即捐”。

这次活动将救助贫困儿童的信息传递给了超过 80 000 名的潜在捐助者。响应率比仅仅在网站上挂一条横幅广告（Banner）高出了 100 倍。①

① 资料参考：胖鲸，《联合国儿童基金会，用美食照片解救贫困儿童》。

问题三：如今媒介的生态现状如何？

答案：从高峰到丘陵。

如今，媒介的生态现状正从“高峰”走向“丘陵”，且这场媒介的“地壳运动”愈演愈烈。提出这个观点的是北京尚诚同力品牌管理股份有限公司 CEO 胡越飞。我在此借鉴他的观点。这个观点提出的出发点是基于媒介带来的流量。

曾几何时，流量掌握在少数知名媒体手里。这些知名媒体就像高峰一样，鹤立鸡群地矗立着，极具权威。想象一下，只要有人站在高峰上，拿着喇叭喊话，四面八方的人们（流量）就会汇集到高峰四周。例如，过去，一些品牌就是靠单一地猛砸大型电视台的广告，让自己的知名度在短时间内家喻户晓的。

记得笔者毕业后的第一份工作是《南方都市报》的记者。2007年时，我曾报道了一个患有心脏病的小男孩，因为父母都是来深圳打工的外来务工人员，家境贫寒，没钱给小男孩做手术，小男孩的健康状况每况愈下。这条新闻见报后，不少人为他捐款。不到 3 天时间，4 万元的手术费就筹到了，而且有一些余钱。记忆深刻的一幕是：有一位女士把一包钱放在了报社的“热线中心”，没说一句话，没留下姓名、联系方式，就急匆匆地走了。这件事从侧面反映了那时权威纸媒的影响力是很大的。如果同样的新闻见诸今时今日的报端，恐怕很难或无法快速筹到钱了。

是的，如今，“头部流量”开始坍塌，流量的丘陵状分布越来越明显。以前单一的某一个媒体可能就是流量中心，选择该媒体即基本上能够解决绝大部分的品牌曝光问题。但是，当下的时代已经没有明显的“头部流量”。无论是各媒介平台还是关键意见领袖，均没有一统天下的绝对优势，只能具有局部优势。

媒介的生态现状正从“高峰”演变至“丘陵”。

媒介丘陵状解析

流量只有那么多，当过去“高峰媒介”带来的流量被各种“丘陵媒介”阻断、瓜分后，80% 的流量分散在 80% 的媒体上，如今媒介的丘陵状又是什么样的呢？总结起来，有以下 3 个特点：阵营化、圈层化、精细化。

阵营化

如今，媒介分布就如同连绵起伏的丘陵，变成了一个个“阵营”，例如，微信公众号、微博、头条号、抖音、小红书等。其中的一些平台陈营会彼此割裂，甚至会被人为阻断、势不两立。例如，这些年来，今日头条和微信之间由于直接竞争关系，屡屡发生矛盾，不是微信“封杀”今日头条，就是今日头条“反封杀”微信。我们来看看相关媒体报道的截图。

腾讯与今日头条再掀大战：限制使用微信登录功能接口

2019年01月29日 00:47　新京报　新浪财经APP　4

微信明确禁止外部链接诱导，包括今日头条等APP

2019-01-29 08:43:16

1月26日，腾讯公布了关于近期违规诱导外部链接的处理，明确禁止诱导、测试等外部链接，对多次违规以及恶意对抗的，微信将采用永久封禁、下调每日分享限额等不同等级的处理方式，公告点名多款涉及违规APP，其中包括今日头条、网易云音乐、滴滴、京东、火山、西瓜等APP。

今日头条和腾讯又开战了！这次是为了你的头像……

中国经济网
03-20 23:12

从去年3月开始，头条系和腾讯系的矛盾就没有平息过。今年初，今日头条旗下的抖音推出多闪APP，正式进军社交领域，当天就被微信屏蔽。

3月19日，微信与多闪，或者说腾讯与今日头条的矛盾又一次在网上公开，而且是以弹窗的方式。

圈层化

如今，微信、微博、小红书、抖音、B 站等主要媒介阵营里，都出现了“金字塔式”的媒介分布，即头部账号、中腰部账号、素人。

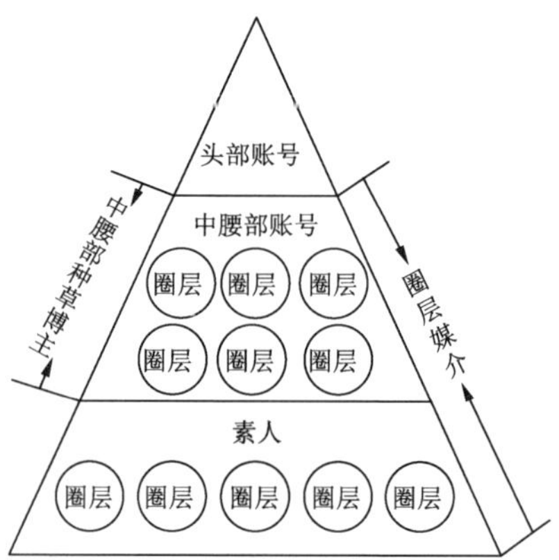

头部账号粉丝数量庞大。但是，硬币总有正反两面。首先，正是因为粉丝多，所以，这些头部账号要尽量烹制“众口可调”的内容，也就是说，它们生产的内容要尽可能大众化、皆大欢喜（如娱乐、搞笑、情感类内容）。那么，问题来了，这些内容吸引来的粉丝虽然数量大，但也是各种各样的。如果我们给这些粉丝贴上用户标签，他们身上的标签会五花八门。其次，如此多的粉丝里到底有多少粉丝和这个头部账号的黏性强呢？正是因为看到了这一点，如今，越来越多的企业从追求性价比的角度开始倾向考虑中腰部账号和素人。

中腰部账号发布的内容较细分。这里的“细分”不仅仅指内容涉及的领域，还指内容风格、面对的目标用户等。例如，同样是讲时尚主题的小红书或抖音账号，头部账号的内容会比较教程化、话风循循善诱，但是，有的中腰部账号可就没这么中规中矩，会用反讽的语气，自成特色，有的中腰部账号专门针对的是收入并不高，但又追求时尚穿搭的年轻女孩。

如今，细分领域下依靠输出独特的优质内容从而获得精准流量的中腰部账号越来越多。这些中腰部账号通常商业化程度不高，但是由于其难以替代的创造力和独特调性，为企业的品牌注入了新意，带来了垂直领域的精准流量。

至于位于金字塔最底部的素人，其实就是在极小范围内有一定影响力的“你、我、他”。“我们”称不上什么意见领袖、网红，信任我们的人也称不上是“我们”的粉丝，就称他们为“追随者”吧。“我们”发一条微信朋友圈消息或一篇小红书笔记，表达对某个品牌的热爱、对某件产品的好感，也可以让一定数量的追随者们感兴趣，甚至跟随购买。虽然追随者的数量很少，但也更为精准。

也正是如此，中腰部账号和素人的粉丝或追随者，我们可以用“圈层”来表示。而这两个“部位”的媒介也可称之为“圈层媒介”。“圈层”就是有共同“识别标签”的群体，即圈子成员间要有至少1个共同特征。例如，共同的年龄阶段、共同的兴趣爱好等。但是，圈层的划分维度显然不是这么简单和清晰明了的。考验品牌营销从业者的是怎么界定圈层。例如，同是从事广告行业的人，加班是家常便饭，他们经常晚睡晚起。但是，有的广告人特别在乎自己的身体。即使再忙，也要按时吃一顿有仪式感的早餐；有些广告人则对吃饭抱着应付了事的态度，早餐将就着吃或者干脆不吃。那么，如果我们在推广一款谷物麦片时，就不能简单地以职业背景划分圈层，例如，白领女性，而要以选择的生活方式来划分圈层，例如，小红书等平台出现的“早餐打卡群”、晒早餐等。

那么，中腰部和底部的“圈层媒介”为什么越来越重要呢？

首先，人们越来越相信“术业有专攻”，宁愿相信有着“局部影响水平”的“圈层媒介”。有研究就对所谓的“普遍意见领袖”（generalized opinion leader）提出了质疑，即很少有人能成为多个领域的专家，他们所提出的建议很少会在所有类型的购买决策中都受到重视。社会学家对专才（monomorphic，即有限领域内的专家）和通才（polymorphic，即多个领域内的专家）进行了区分。但即使是通才型的意见领袖，也往往只专注于某一宽泛的领域，如电子产品或时装。[①]

① 资料参考：迈克尔 R. 所罗门，《消费者行为学》，中国人民大学出版社。

正如《“网红”被重新定义，明星经济正在发生变化》一文里说的：“我们的经济和文化正在从为数较少的主流产品和市场向数量众多的狭窄市场转移。”注意力被稀释了，家喻户晓、老少通吃的明星、专家不会再出现了。你有你的明星、专家，我有我的明星、专家，这才是主流。①

其次，“圈层媒介”和“我”很像，有移情作用（“这不就是我吗？”或者“这不就是我想成为的那个‘我’吗？”）。人们往往倾向于与在教育、社会地位、价值观上和自己类似的人进行比较，他们更有参照价值。

所以，越来越多的企业意识到，在媒介投放方面，与其豪掷千金猛砸一二个头部账号，不如布局多个“圈层媒介”，带来精准流量，以此转化为销量和口碑量。第 8 章里要谈的“种草”就是对“圈层媒介”影响力的最好证明。

精细化

如今，各媒介平台正朝着精细化运营的方向发力。关于这一特点，因为主要涉及市场营销技术（Martech），本书不做详细介绍。有兴趣的读者可以购买相关书籍研究。总之，我们要注意的是，各媒介平台正是倚靠技术算法的力量进行精细化运营，不断地找到平台粉丝们真正想看的内容并推送给他们，从而吸引、留住粉丝，以此为品牌主带来精准流量。

① 资料参考：罗超，《“网红”被重新定义，明星经济正在发生变化》。

实践启示：简单重复的广告到底能洗脑吗?

媒介的生态现状从高峰走向丘陵，曾经能让企业快速获取消费者注意力的集中型流量被丘陵媒介瓜分，屈指可数的流量呈散兵游勇状态。那么，怎么应对这种情况呢？接下来试通过一些案件进行分析。

近年来，国内流行一种简单重复的洗脑式广告。这种广告有三个特点：第一，一句简单粗暴的大白话广告语；第二，在电梯、电视、各视频网站等铺量式投放，并如同念经般、不断地重复播放；第三，不在乎广告画面有没有审美感。

例如，Boss 直聘的“找工作！上 Boss 直聘！找工作！直接！跟老板谈！升职！加薪！升职！加薪！升职！加薪！找工作！上 Boss 直聘！”。

马蜂窝的“旅游之前，先上马蜂窝。”。

铂爵旅拍的“婚纱照，去哪拍？铂爵旅拍！想去哪拍就去哪拍！”。

哈罗顺风车不断地重复的“哈哈哈哈哈哈哈——哈罗顺风车……”。

这种广告接二连三地出现，以致网友发起吐槽话题：“Boss 直聘、铂爵旅拍、哈罗顺风车，你最受不了谁的广告？”

但是，面对这种简单重复的洗脑式广告，有支持方，也有反对方。接下来看看支持方和反对方所持的不同观点。

支持方

如今，流量有限且被四分五裂。在这种情况下，信息的传播强度很重要。怎么在最短的时间里花最少的钱给观众留下最深刻的印象?

这种不断重复品牌名称，以致喊到观众都厌烦的广告，至少能让人们知道你这个品牌，知道它是干什么的?想想看，如果有一个人成天在你耳边咆哮、重复相同的句子，你想不记住都难。所以，即使是因此引发的争议和骂声，能带来流量就是王道!

如果消费者都不知道你这个品牌，还谈什么购买、使用等接下来的环节?此时，做再有创意的广告有什么用?

此外,谁说广告就必须长得美?必须要给受众带来审美愉悦感?广告的目的就是要让人们知道并记住这个品牌。即使洗脑广告给观众带来的是负面效果，也比一些很艺术的广告在传播效果上不痛不痒来得要好。①

反对方

这种广告真的已经引起了受众的生理不适，看了想砸屏幕。广告大师大卫·奥格威说过:“令人厌烦的广告是不会让消费者为其买单的。”所以，即使知道这个品牌又怎么样?这种“不管你选不选我，我先轰炸你”的广告，实际上是营销从业者利用自己在传播中的主导地位来强制和控制消费者，是一种传播暴力。这样的广告一出街，一定会大大损害品牌的美誉度。②

---

① 资料参考:虎嗅，《我不怕你们说BOSS直聘、铂爵旅拍的广告是XX，无所谓》。

② 资料参考:觅游考研，《今年，你被“伯爵旅拍”洗脑了吗?》。

支持方和反对方是公说公有理、婆说婆有理，看着都有理。我们还是来看看这种现象反映的实质性问题，即这种简单重复的广告到底能洗脑吗？特别是在做媒介投放策略时，我们要怎么把握“重复”的度？仅仅只是“重复”就可以了吗？

首先要指出的是，不能一棍子打死这种简单重复的广告，不能用“非黑即白”的标准来审判这些广告。这些广告播出后，品牌主确实获得了一定的关注度和销售转化。这是为什么呢？可以通过“单纯曝光效应”这个角度来分析。

著名学者 Robert Health 在《广告看不见的力量》里写道：“广告的效果，不在于信息传达的深度，也不在于观众吸收了当中理性或感性信息的多少。广告的效果，很大部分来自低参与度吸收。”低参与度吸收就是人们对于某个广告的潜在印象。

即使你对一条广告视而不见，它也会凭借媒介渠道的不断曝光而牢牢占据你的大脑。这意味着：当你对人们单纯重复某个品牌名，在他们下一次产生购买行为的时候，就很可能会选择这个被重复了很多次的“熟悉”品牌。心理学上称之为“单纯曝光效应”。

但是，我们往往忽视了一个很重要的问题：“重复”的前提是什么？更进一步说，什么样的内容值得被重复？或者说重复这条内容会不会招致消费者的反感？

以 ×× 旅拍为例。一些网友之所以无法忍受这条广告，并不是因为它重复，而是因为这条广告的内容本身给人满满的“廉价感”：一群穿着婚纱礼服的新人举着粉红色牌子大喊口号，新人男、女各“霸占”屏幕的左右两侧，互相重复嘶吼那句广告语。

这幅画面看上去和Boss直聘的广告如出一辙。但是“职场招聘”和“旅拍婚纱”是两个完全不同的产品。“旅拍”在婚纱照行业中走的就是高端路线，而且大部分人一生当中很可能只有1次旅拍婚纱照的机会，消费者决策的时间成本较高，没那么冲动、轻易买单。如果只是为了图短时间内让人们记住这个品牌，急功近利、完全不顾品牌调性，那么问题来了：一个本来就是倚靠美、浪漫打动消费者的品牌，却推出了毫无审美感可言，甚至低廉、辣眼睛的洗脑广告，消费者还会相信这个品牌的审美观吗？[①]

所以说，“重复”本身没有错，但是脱离了对恰当内容的重复，就是对品牌的伤害、对受众的打扰。想想看，“重复”也不是什么新鲜的媒介投放策略了。奥利奥的“扭一扭、舔一舔、泡一泡”不也是一句不断重复的广告语吗？但是，这句话为什么没有引起反感，反而成为能带给人们快乐的经典广告语呢？因为这句话让奥利奥这块几乎没有什么差异化的巧克力饼干走出了一条品牌独特性的道路。

因此，在流量越来越稀缺、分散的传播大环境下，我们要重视“重复”的力量，善用“重复”。有三个关键点：

第一，如前面分析的，恰当的内容是“重复”的前提。

第二，要边重复、边做好数据监测及分析工作，找到数据背后的真正原因。不能仅仅看百度指数（负面评论也会让声量上涨）或月活跃量，就判断“重复”有效。有时候，“重复”带来的是假增长。

① 资料参考：刘雨静，《铂爵旅拍广告骂声一片，为何他们觉得自己成功了？》。

第三，要合理规划好“重复”的预算，避免花大价钱得来的却是昙花一现。品牌建设本来就是一项永恒的工作。一口气花大价钱，想通过“重复”让人们永远记住某个产品、品牌几乎不可能。一口气吃成的胖子终究会消化不良。

第8章

精准内容的典型现象：种草

正如第7章中所提到的，近年来流行的“种草”是“精准内容”这个系统良性运作的典型表现。大多数营销从业者都很熟悉“种草”这个诞生于互联网论坛的词语，但是却没有几个人能系统性地说清楚到底什么是“种草”？怎么“种草”？所以，我们很有必要来谈谈“种草”。

什么是“种草”？

“种草”不是什么营销专家或营销做得好的大公司提出的，它诞生于互联网时代早期的论坛，可以说是“从群众中来”，之后又被营销从业者应用“到群众中去”。例如，2005年开始，笔者特别喜欢访问“天涯社区”，经常在“时尚资讯”版块里流连忘返。那时，一些网友发个关于护肤品或穿搭的帖子，如果写得好、配图出彩，就会有人跟帖说“我被种草了”。

“种草”刚诞生时，就是论坛里的“你、我、他”在种草，是一种典型的“UGC种草”。如今，随着社交媒体的开放、发展，每个个体也可以成为一个独立的品牌，甚至是“超级品牌”。于是，“UGC种草”开始部分演变为“PGC种草”，即我们俗称的网红、大号、意见领袖“种草”。而本章专门要讲到的“谁适合种草”，就是围绕着“PGC种草”来说的。他们可以说是“专业种草博主”或“职业种草博主”。[①]

和品牌广告、发公关新闻稿不同的是，“种草”从不避讳、遮掩谈产品的功能、卖点。事实上，“种草”的内容主要围绕着“这个产品怎么好用”这个卖点进行详细解析。

“种草”不区分什么传播阶段，不会刻板地将对品牌或产品的传播分为建立知名度、美誉度、忠诚度三个阶梯式阶段。“种草”希望带来的是一次种草、三“效”合一（效：知名度、美誉度、忠诚度）。这和“精准内容”是一种能带来品效合一的内容营销策略如出一辙。所以说，“种草”是精准内容的典型现象。

说到这里，你可能觉得对“什么是种草”已经了解得差不多了，开始催促：赶紧讲讲“怎么种草”吧。但是，这还不够！我们还要更深入地分析到底什么是“种草”。

很多人认为，“种草”的“草”指的是某件商品。例如，看了某个博主发的使用某款美白淡斑精华的内容，心痒痒，恨不得马上就要入手一瓶一模一样的。这只是看到了“种草”的表象。其实，与其说“种草”种的是某件商品，不如说“种草”种的是某种购买欲。

① 资料参考：吴琴琴，《品牌种草机制造指南》。

例如，想快点变白、变美的购买欲。

种草 = 种“购买欲”

“种草”的效果好不好，就看这团“购买欲”的烈火在你心里烧得热烈与否。但是最终，“种草”要和“卖货”直接挂钩。所以，营销从业者也常在“种草”后面加两个字“带货”——种草带货。

首先，你是不是已经发现了一个问题：“种草≠购买”。是的，营销从业者通过各种方式在消费者心里种下了“购买欲”，但消费者不一定最终会去买这件商品。从“种草”到“实际购买”这个阶段，还会出现很多或主观（例如，不断货比三家，听了其他人的不同评价）或客观（购买链接不畅通）的“拦路虎”。近年来，顺应着“种草”的趋势，还出现了一些专门“拔草”的、号称“良心博主”的意见领袖，他们会把你那种惦记着这件商品的购买欲彻底浇灭。

其次，你有没有思考过这样一个被忽视的问题：为什么要听这些“种草博主”的话去买这件商品呢？原因很简单，却没有被我们有意识地察觉到：如今，网上各种信息太多，真假难辨，“我很想把做出消费决策的麻烦转移到一个我信任的人身上”。没错，“被种草”其实就是一种消费决策的风险转移，而这些“种草博主”就是我们普罗大众的“信任代理”。所以说，“种草博主”和他们的粉丝“我们”之间有着一条信任链。“种草博主”要用心呵护这条“信任”的关系链。“信任链”一旦断裂，“种草博主”的“种草面积”也会越来越小。

最后，因为“种草博主”有着自己特定的粉丝群体，也就是第

7章里说到的“圈层”。企业卖货的思维方式也因此发生了“逆转”：从过去的希望用户能找到自己的产品变成产品去找目标用户，即从“人找货”变为“货找人”。

传统的市场营销学观点认为，消费者的购买决策过程如下所示。

确认需要→搜索信息→评估备选方案→购买决策→购后行为

也就是说，当消费者自我意识到有某个方面的需求时，会主动通过各种渠道、方式搜索信息，然后汇总、分析、评估搜集来的解决方案，最后做出买哪个产品的决定。等到购买后，品牌主怎么提供一系列的售后服务，和消费者继续保持联系呢？

但是，“种草”是让“货找人”，如下图所示。

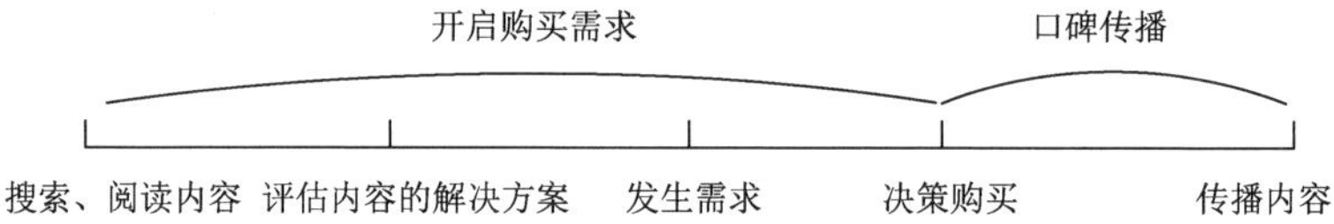

人们不知道自己有哪方面的需求。他们通过关注、阅读微信公众号、小红书等平台的内容，开启自己的需求，从而发生购买行为。买了之后，他们又将产品的使用心得、对品牌的各种感受发布到这些社交平台上，传播内容。也就是说，“种草”这个精准内容的典型现象，将消费者的购买决策过程分为两大阶段。第一大阶段是开启购买需求。第二大阶段是口碑传播。在整个过程中，营销从业者要用“精准内容”的方法论体系，让消费者意识到自己有这方面的需求，顺理成章地购买，买了后自发地传播。

所以，“种草”是什么？

总结：“种草”就是通过信任代理的方式，让消费者产生购买欲，从而实现“货找人”，最终为企业带货。

这里有三个关键点：购买欲、信任代理、货找人。

“种草”是万能的吗？

一听说“种草”和“卖货”直接挂钩，不少企业家、营销从业者就按捺不住蠢蠢欲动的心了，“赶紧给我找几十个‘种草博主’，迅速种草！”但是，“种草”这把“营销武器”虽好，却不是“放之四海而皆准”的。用得好，事半功倍；用不好，则事倍功半——钱花了，却打了水漂。

为什么呢？

我们说“种草”是“精准内容”这个系统良性运作的典型表现。那么，还记得在第 1 章里分析的“内容”在企业的整体营销管理里处于的角色吗？或者说在经典的营销学理论 4P 里，它应该出现在哪个环节呢？“精准内容”认为，“内容”应该贯穿至 4P 的每个“P”。例如，在企业开始酝酿产品时，就要有“精准内容”的深度参与。而书读到这里，相信你也感受到了“精准内容”贯穿这 4 个“P”的力量。

所以，想要成功“种草”，即种草带货，以下这个公式里的各个要素缺一不可。

种草带货 = 产品 × 定价 × 媒介 × 推广内容

也就是说，不是所有品类的产品、任何价位的产品都适合通过“种草”卖货；不是所有的网红、大号都有“种草带货”的能力；当然也不是什么内容都能“种草带货”。

此外，为什么这4个要素要用乘号相连呢？因为它们不是简单的并列、相加关系，而是互相影响、协同合作，最终达到最优的“种草效果”。

彻底认识了“什么是种草”。接下来从“种草带货 = 产品 × 定价 × 媒介 × 推广内容”这个公式开始，分析谁能“种草带货”，什么产品（价位）适合“种草带货”，“种草带货”的内容怎么写。

什么样的博主“种草带货”效果好？

进入“怎么‘种草带货’”部分，首先来看看什么样的博主“种草带货”效果好。根据第7章所说，媒介的本质就是内容，媒介 = 内容。那么，“种草博主”至关重要，因为它代表着种草内容的方向、调性等。也就说，同样的产品，由不同的人种草，“种草内容”是不一样的，各有千秋。

原则上，谁都可以来“种草带货”。根据第7章所谈的“媒介生态现状”——媒介正从高峰坍塌成丘陵，越发圈层化。“种草博主”主要集中在“腰部”和“底部”的圈层媒介。而这里要重点谈的就是“腰部”的“种草博主”。

“种草带货”效果好的博主要有两大能力：选品能力和内容生

产能力。用一句通俗易懂的话来表达就是有好货、有好内容。“有好货”是“有好内容”的前提。

如第 7 章所说，企业购买媒介，买的是媒介背后粉丝的力量。对“种草博主”来说，粉丝是他们最重要的资产，是他们维系和提升其商业价值的砝码。没有什么比粉丝更重要的了，“得粉丝者得天下”。你也可以从另一个角度来理解，“种草博主”每次和品牌主合作，就是对自身影响力的一次对赌和变现。如果给粉丝推荐的产品差强人意，或者产出的内容索然无味、强推强卖，自己的影响力势必会在这次合作之后减弱。而大多数“种草博主”是不会为了某个企业的利益去损耗，甚至伤害粉丝对自己的感情、信任的。所以，在有限的合作次数里，“种草博主”对于产品选择会慎之又慎，对于内容创作要不断打磨。只有这样，他们的商业价值才能保值、增值。

因此，要悉心呵护粉丝资产，就要具备以上这两大能力，缺一不可。也只有这两大能力都很强大的博主，才能在自己的粉丝圈层里获得良好的“种草带货”效果。

选品能力

消费者之所以相信“种草博主”的推荐，是因为这些博主有着高于普通消费者的选品能力。要想练就较强的选品能力，就要自己先消费、先尝鲜、先判断。“种草博主”必须有极强的消费能力。

“种草博主”要有经常能买得起自己种草领域各种产品的能力。虽然“经常买得起”不代表“种草博主”要很富有、腰缠万贯，但是，针对自己的种草领域，至少要能保证一定频次地购买，不能中断。即使有了名气，和品牌主合作，可以免费使用一些产品，也不能停止自掏腰包、挑选购买产品的步伐。

是的，产品的选择直接影响“种草博主”在粉丝心目中的高度与地位。“种草博主”不仅要常买常新，还要有丰富的相关领域专业知识和较高的欣赏水平，买得有门道、有品味，否则接下来的内容生产能力从何而来？

内容生产能力

“种草博主”要有极强的内容生产能力。在新榜总裁陈维宇看来，“种草博主”生产内容的感染力是增强其粉丝信任感的重要因素。“种草博主”首先通过内容和粉丝建立强关联，然后像朋友一样给粉丝介绍好用物品。因此，他认为：“优质的内容，当它具备阅读性和可传播性，并与粉丝产生情感共鸣时，才能在细分圈层突破消费者心中的壁垒，实现从品牌认知到品牌共鸣的转变。”

“种草博主”生产内容的能力体现在从专业性到 IP 化。专业性是指每个“种草博主”都有自己的“种草”领域和人设。要想在自己的领域里出色“种草”，扎实、丰富的专业知识是硬性条件。要不消费者怎么会相信他们的“种草内容”？更何况，现在的消费者也变得越来越专业。SocialBeta 就称这群以专业知识驱动的消费者为

“专业消费者”。《腾讯00后研究报告》发现，69%受访的“00后”遇到不懂的问题时，在咨询专家之后，还会自己去查阅资料。网生一代正变得更加专业、理性。

例如，“护肤问莫嫡”的粉丝中就聚集着这样一群“专业消费者”。莫嫡表示：“粉丝对我不是盲目崇拜，我们之间只是一种信任关系。”莫嫡每天3点起床，清晨推文，每天花3个小时专门解答粉丝提问和咨询。大学从化学专业毕业后，他一直从事化妆品相关工作。2016年，莫嫡买下一整套研究皮肤的设备，真正做起了独立的皮肤研究。一边试验检测，一边看皮肤科书籍和外文文献。再加上大量粉丝的反馈，莫嫡的研究范围也从皮肤扩展到女性保养、人体、中医等方面。[①]

当粉丝因为博主的“专业”而产生“信任”后，就对博主有了情感黏性。这时，博主除了继续在专业的道路上耕耘，还需要把自己向IP的方向进化。（注意：成为IP很难且时间极其漫长，但可往IP方向进化。）

什么是IP（Intellectual Property）？腾讯集团副总裁程武先生对IP的解释一语道破了IP的本质：IP就是经过市场检验的可以承载人类情感的符号。IP是一种无形的情感。只有“种草博主”把自己当IP来经营，才能和粉丝获得一种长期的关系，并且实现越来越多的“种草”变现方式。

但是，现在一些“种草博主”名气变大后，为了迅速变现、

① 资料参考：藏文婷，《种过那么多草，年轻人还会跟着带货KOL买买买吗？》。

赚更多的钱，往往把自己向“广告平台”的方向发展。他们每天生产的内容就是：众口可调的大众口味，以期覆盖尽可能多的受众。然而，正如《一场关于留存率的战争：内容创业的商业本源》里所说的：“优质内容和观点最终带来的是什么？流量吗？那太浅显而表面了，再好的文章也不一定有一段猫猫狗狗的视频获取的流量多。”

那么，“种草博主”怎么把自己往IP的方向经营呢？我们从“粉丝”的角度来看以下两幅图。

一幅是“倒漏斗”。

另一幅是“正漏斗”。

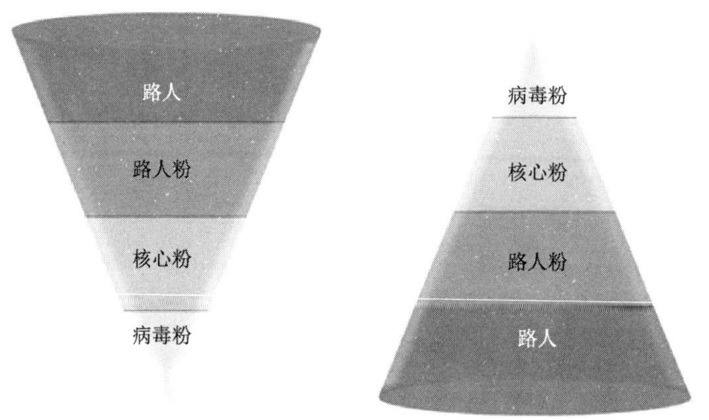

漏斗里的粉丝分为四个层次：路人、路人粉、核心粉、病毒粉。

- 路人——吃瓜群众（网络用语，意指围观的网民），持“随便看看”的态度。对“种草博主”的黏性几乎为零。

- 路人粉——谈不上喜欢，偶尔看看。偶尔考虑购买“种草博主”推荐的产品。
- 核心粉——期待、想看“种草博主”写的所有内容，不管内容质量的高低起伏，不管内容和自己的相关性有多大。对“种草博主”推荐的任何产品有着强烈兴趣，信任型消费。
- 病毒粉——除具备核心粉的所有特征，还是“种草博主”的“义务PR”，即自发地为“种草博主”进行口碑宣传，并为其抵御外界的非议。

第一幅图展示“种草博主”如果把自己当成广告平台经营。他们卖力吸引的就是路人、路人粉。因为这部分的受众体量最大，最容易被卷入漏斗中。之后，再经过沉淀，最终形成核心粉、病毒粉。但是，核心粉、病毒粉和路人、路人粉的最大区别在于：他们不满足于大众化的内容，渴望个性化、专业度强的内容。一旦他们发自内心地认可这个“种草博主”，就会如磁铁般地支持，允许“种草失误”，并将支持化为消费力。

第二幅图则表明把自己当成IP经营的“种草博主”，最开始的策略就是吸引、培养自己的病毒粉、核心粉。再通过这两类最重要的、最有价值的粉丝来辐射路人粉、路人。这样，从最开始，这个“种草博主”就是充满可观价值的。

这里要特别强调的是，当“种草博主”把自己当成IP经营，就不要试图吸引所有的人。爱你的人会越来越爱，深爱不已。不爱你的人，就让他们随风去吧……

最后，“种草博主”最好能直接分销带货。如本章开篇所讲，“种草”种的是“购买欲”。有了购买欲，不一定会购买。为了让“购买欲”迅速转化成“实际购买”，就要减少从“种草”到购买之间的路径，越短越好，最好无缝对接。千万不要出现用户被“种草内容”吸引了，却难以触达售卖渠道而最终放弃买单。如果“种草博主”自有销售渠道，例如，淘宝 C 店、微店、小程序店铺等，就不用粉丝们再跳转购买了；或者不能分销但是能植入官方售卖链接的“种草博主”，也能减少销售转化的中间环节。[①]

链接：明星、专家为什么想“网红化”

网红就是根植于移动互联网，在网络上有一定人气的人（有大量人气的是大网红，有小部分人气的是小网红）。常见的网红类型就是各个领域的“种草博主”。

如今，一些明星和专家正走向“网红化”，网红和他们原有身份的界限越来越模糊。正是因为“网红化”了，他们也开始加入“种草大军”里，为自己的商业价值变现找到了另一条路。

过去，明星的成长需要成熟的经纪公司或团队来打造。要成为明星，首先具备音乐、表演等方面的才艺，其经纪团队也必须与演出或影视公司及平面、电视媒体达成良好的合作关系。而专家也一定要科班出身，并在权威机构担任一定的职务。专

① 资料参考：众引传播，《还在购买「假粉」KOL？简单 2 步实现「真销量」KOL 营销》。

家给人的感觉通常是严肃的、不可置疑的。这种造星模式和专家成长路径，就是要力图打造“和普通人不一样”的、可望而不可及的标杆，让大众难以接近，或者说几乎没有什么渠道能接近他们。

但是，诞生于互联网的各种网红天生带有社交基因。他们不需要星探、经纪公司、权威机构等第三方机构来界定和赋予权力，不需要过于专业的包装。他们需要面对的只有粉丝。因此，通过抖音、小红书这类达人辈出的平台，每个人都有机会收获粉丝，成为网红。安迪·沃霍尔曾留下对媒体的乐观预言：“每个人都能当上15分钟的名人。”现在，预言似乎得到了兑现。随着内容平台的崛起，每一位生活的深耕者、爱好的钻研者都可以低门槛地进入大众视野，成为网红，从而聚拢粉丝，辐射影响力。

也正因此，不同于明星、专家的“我就是要和你不一样”，网红要表现的人设是“我要和你一样：会大笑、讲段子、会暴躁、会脆弱”“我和你是一个圈子的”“我和你喜欢一样的生活方式”“我是你的闺蜜”“你可以相信我”等。这种“去中心化”的人设让网红拥有越来越多的粉丝。例如，一些超级网红在小红书等平台的粉丝数量已远远超过传统造星时代的明星了。而“得粉丝者得天下”，只有有了粉丝，明星、网红才有存在的意义、商业价值。所以，近年来，我们看到了一些明星入驻各种社交平台，也开始和网友积极互动了。

案例：明星纷纷转型带货主播

2017年4月，演员林允入驻了小红书。通过推荐平价的隐形双眼皮贴、睫毛胶和腮红，这个在微博上经常遭遇不友好新闻的明星，小红书上却受到了用户欢迎。林允推荐的产品经常成为用户抢购的爆款。仅用一年时间，林允就在小红书上积累了762万粉丝。

近年来，小红书开始迎来明星大规模入驻。如今，平台上经过身份验证的明星超过200个，包括张雨绮、欧阳娜娜、戚薇等。其中，很多明星的小红书粉丝已经超过100万了。

小红书独特的社区氛围可以让明星在“明星”身份之外树立一个新的人设——“种草博主”。这有助于明星再次吸粉。明星在小红书上分享的内容不再是常规的明星广告。很多时候用户对于明星广告不太相信。但是，如果明星在小红书上亲自试用产品，并且直播给用户看，用户可能就会觉得明星使用的这个产品非常好，“种草”的效果就很好。[①]

时至今日，越来越多的明星加入淘宝、抖音等平台的直播带货大军，例如朱丹、李湘、吴昕、刘涛等。一些明星转型带货主播，起初卖货效果并不理想。为什么呢？正如前面分析的：明星的人设和网红的人设最大的区别在于一个是中心化的，另一个是去中心化的。对于“跟着谁买买买”这件事，普通大众更愿意信任一个和自己有亲近感且平时输出的内容就是护肤、穿

① 资料参考：三声，《小红书“造城”：UGC是本质，但不是今年的重点》。

搭等专业性内容的博主。更何况，前面也提到：带货能力强的主播一定要有良好的选品能力，而“选品”的背后需要一支经验丰富的团队（如淘宝直播带货一姐薇娅背后的选品团队就有数百人）。

当然，也有带货能力强的明星，如吴昕。她持续在小红书平台上种草，打造了属于自己“总是推荐好货”的人设，积累了大量粉丝。此外，当一些明星渐入带货的佳境后转变了自己的人设，带货效果也越来越可观。

所以，如下图所示，明星和本来就是种草带货出身的网红博主在“卖货”这条路上的成长路径是不一样的。明星的名气虽然大，但是如果想卖货，就要打造卖货人设，而种草博主因为出道就是“卖货人设”，所以积累了大量精准粉丝。

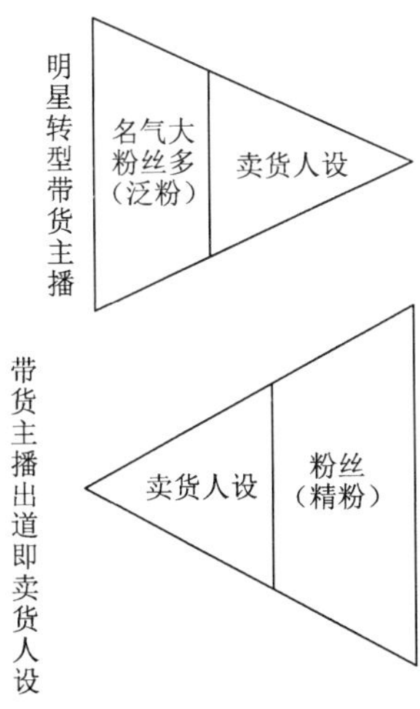

什么产品容易被“种草带货”？

我们之所以想跟着“种草博主”买买买，就是希望获得“种草博主”正在经历的这种生活方式。需要注意的是，这种生活方式既要源于又要高于粉丝目前的生活状态。所以，粉丝在选择跟随的博主时，往往是选择和自己审美趋同，但又稍微高出一些的，属于自己跳起来就能够得上的水平。[①]

正因如此，“种草产品”就不能仅仅只是好用（当然，产品好用是根本），它还要能体现“种草博主”的眼光、品味、调性。例如，产品最好是小众的、独家的。对“种草博主”而言，产品知名度不高，没关系！相反，产品不能是人们随处都可以买得到的“满大街产品”。如果种草博主接受“种草”到处都能买得到的产品，无疑会让粉丝们觉得他们没眼光。那些在线下随手可得的产品，毫无个性和想象力，很难为“种草博主”创造优质内容输入新鲜素材。它们肯定会受到“种草博主”的排斥。

这也就是为什么“种草带货”刚兴起时，“种草博主”特别愿意推荐来自国外的小众品牌。因为它们不仅容易让“种草博主”产出好内容，也会让粉丝觉得自己很时尚，引领了潮流。正如美妆博主“大嘴博士”郝宇说的：“在这方面，国外品牌拥有天然优势。来自国外的品牌故事、来源国的故事就是非常好的内容，产品拥有天然让用户仰视的‘调性’。而如果是跨国公司的产品，集团的历史、

① 资料参考：藏文婷，《种过那么多草，年轻人还会跟着带货 KOL 买买买吗？》。

研发历史等内容也更容易故事化、戏剧化。”①

那么，要想让“种草博主”拿着你的产品就可以马上讲出令人信服、有趣、有价值的故事，不至于无话可说。该怎么办呢？这就需要品牌主在酝酿产品时用上“内容型产品”的策略。“种草博主”是否可以从“反向落差”“品类串通”“决策标准”里找到故事？此外，也可参考第 5 章中关于制造品牌爆点话题的内容，想想怎么为品牌讲一个好故事。

“种草产品”不仅要有故事可讲，还要有颜值可看。这点主要体现在产品包装上。衡量颜值高的一个重要标准是：如果你是用户，在买了这个产品后，拍照发微信朋友圈等社交媒体的概率有多大？想想第 4 章里说到的“在产品的包装上做文章”。

此外，企业一旦和“种草博主”合作，就要给到“种草博主”粉丝该产品的特别优惠价，最好是“全网最低价”。因为“为粉丝争取最低价”或其他福利也是“种草博主”维护和粉丝关系的方式之一。

总之，在衡量你的产品是否适合博主“种草带货”时，最重要的就是换位思考。想一想这件产品是否可以为博主的人设加分，从而让他们的粉丝也想拥有这种生活方式？他们的粉丝会不会因为这次商品推荐越来越爱他们？要知道，大多数“种草博主”很害怕产品拉低自身形象。他们是绝不会堵上自己的声誉，去选一个没有任何故事可讲、平淡无奇的产品。企业也不要幻想自己乏味的产品通过“种草博主”的推广会大卖。

① 资料参考：夏天童鞋，《红人怎么挑产品？化妆品社交营销方法论》。

另外，还可以从“种草产品”的品类角度来看看哪些品类的产品容易被“种草”。

通常，那些有着较低经济损失风险，但有较高社会风险的产品，往往最容易被“种草带货”。这句话很好理解。“较低经济损失风险”指的是买了即使买错了，也不会损失太多钱，不至于心痛。“较高社会风险”指的是如果买错了，使用后会招致他人的负面评论，有损自己在他人眼中的个人形象，让自己很没面子。

此时，你的脑海中是不是浮现出了以下品类的产品：护肤品、化妆品、衣服，还有厨具等生活用品？没错，这些品类的最大特点就是：消费频率高，但消费门槛不高，产品使用后效果直观、立竿见影。再强调一次：这里的“效果”往往是他人眼中的效果，即“他人可视性”导致的“社会显著性”。

所以，当消费者考虑购买像化妆品、服装这样具有象征性的产品时，往往会求助于“种草博主”。虽然从金钱上看这种赌注不大，但他们认为：这些具有自我表达性质的决策一旦失误，就会招致可怕的社会后果。

最后来看看什么价位的产品容易被“种草”？

我们不能简单粗暴地用“价格越低，越容易被‘种草带货’”来界定适合“种草”产品的价位。但是，“价格低”往往意味着“决策成本”低。所以，你会看到100元左右的产品是比较容易被“种草带货”的。这也符合电商平台的购物环境和气氛。消费者在各大电商平台买东西，最方便的一点就是：看到喜欢的商品，一些情况下会将它们添加到“收藏夹”或“购物车”里，总想着货比三家或等段时间，再看看，再做出决定。但是，想想看：100 元左右价格的产品，即使货比三家了，可能最多也就便宜十几块钱，而这个“货比三家”的过程消耗的时间、精力却是不划算的。所以，干脆花几秒钟输个密码、按个指纹，立即支付了。

当然，关于什么产品适合被“种草带货”，以上分析只是勾勒了一幅理想的“种草产品”画面。营销从业者不能刻板地据此决定应不应该采取“种草”策略。例如，奢侈品牌的包、鞋、手表等，虽然价格高，但有的也适合被“种草带货”，只是从被“种草”到被“带货”之间的时间较长。

还要注意的是，“种草”不是一次性的，不能仅仅只是尝试和几个“种草博主”合作，就确定产品是否适合被“种草”。因为“种草内容”带来的精准流量，如“精准内容”所说，最终会转化成销量、口碑量和品牌印象量。而这其中的口碑量、品牌印象量什么时候转化为销量，是需要企业灵活地坚持投入的。

怎么策划“种草内容”？

在第 6 章中详细剖析的四大策略、七大方法完全适用于写“种草内容”。事实上，那些成功“种草带货”的内容，大多是较好地实践了第 6 章里说到的这些策略和方法。在这里，还要强调一点：企业既然选择了和“种草博主”合作，那么，在合作过程中，就要充分尊重“种草博主”的语言风格、说话习惯、创作内容等。毕竟，没有谁比博主更懂得他们的粉丝想看什么，想听什么，想买什么。但是，一些企业在和“种草博主”的合作过程中，还是忍不住处处插手干涉。他们认为，既然“我”花了这么多钱请博主“种草”，博主就一定要什么都听“我”的，要按照“我”对内容的喜好、设定的脚本，去演绎、编写“种草内容”。

有这样思想的企业老板或营销从业者，可以从另一个角度想想：在“什么是‘种草’”小节里提及“种草带货”这种营销策略本身不同于发公关新闻稿、拍品牌广告片。“种草”带货就是找不同的博主，对产品的功能卖点从各自的人设出发，进行不同角度的解读。换种说法，打个比方，如果企业找了 20 个“种草博主”，不可能说发给 20 个人同一篇所谓的“新闻通稿”或“品牌宣传片”，让他们依葫芦画瓢地“复制”（而不是创作）内容（就算在公关活动中，公关给记者新闻通稿，有职业素养的记者也不会完全复制粘贴的）。结果出来的“种草内容”都是千篇一律的。这样，“种草带货”的意义荡然无存。

所以，在和“种草博主”的合作过程中，企业不要试图掌控“种草博主”，要尊重他们的原创并争取和他们共创出粉丝们喜欢看的内容。也只有这样，才有成功“种草”带货的可能，博主的粉丝也才能转化成品牌的粉丝。

链接：怎么测试你是否有“种草体质”？①

我们每个人都有自己的圈层，人人都能“种草”，但不是每

① 资料参考：迈克尔 R. 所罗门，《消费者行为学》，中国人民大学出版社。

个人都能意识到这点。怎么测试你是否有“种草体质”呢？有研究人员做过一张“意见领袖量表”，让人们通过量表里的题目给自己打分，测试自己是否已经是生活圈子里的意见领袖。这里稍加改良了这张“意见领袖量表”，你可以试试，看自己是否有“种草体质”。

请根据你和朋友、同事在关于________（例如化妆品、衣服、包等）的互动里，在下列尺度上为自己打分。

（为方便大家理解这张测试表，我们以“化妆品”为例。）

1. 一般来说你和朋友、同事是否经常谈论化妆品？________

很频繁　　　　　　　　　　　　　　从不

5　　4　　3　　2　　1

2. 在你和朋友、同事谈论化妆品时，你：________

提供很多信息　　　　　　　　　　　提供很少信息

5　　4　　3　　2　　1

3. 过去三个月里，你向多少人介绍过一种新的化妆品？______

很多人　　　　　　　　　　　　　　没有

5　　4　　3　　2　　1

4. 和你的朋友圈子其他人相比较，你有多大可能性会被问及关于某种新的化妆品？________

很有可能　　　　　　　　　　　　　根本不可能

5　　4　　3　　2　　1

5. 在谈论新的化妆品时，以下哪一项最有可能发生？________

你向朋友介绍　　　　　　　　　　　　你的朋友向你介绍

5　　　4　　　3　　　2　　　1

6. 在你和朋友、同事的讨论中，总体而言，你：________

常常被看作建议来源　　　　　　　　　不被看作建议来源

5　　　4　　　3　　　2　　　1